Impressum
Verlag: BABADADA GmbH, Nedderfeld 112 , 22529 Hamburg
Geschäftsführer / Verlagsleitung: Harald Hof
Druck: Books on Demand GmbH, In de Tarpen 42, 22848 Norderstedt

Imprint
Publisher: BABADADA GmbH, Nedderfeld 112 , 22529 Hamburg, Germany
Managing Director / Publishing direction: Harald Hof
Print: Books on Demand GmbH, In de Tarpen 42, 22848 Norderstedt

škola

σχολείο

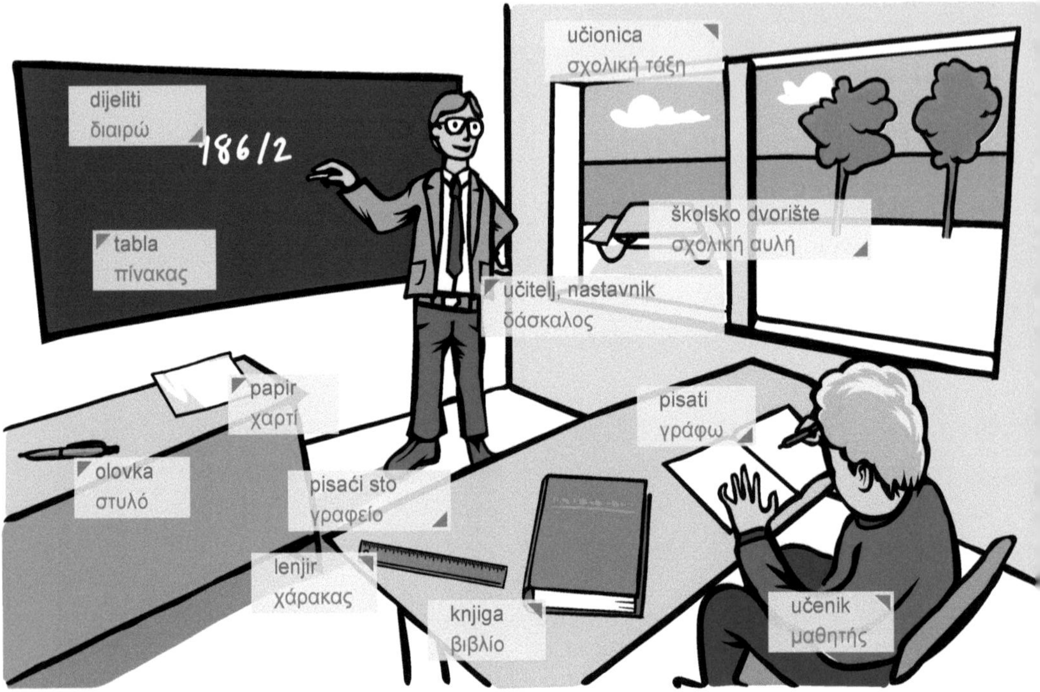

učionica
σχολική τάξη
dijeliti
διαιρώ
186/2
tabla
πίνακας
školsko dvorište
σχολική αυλή
učitelj, nastavnik
δάσκαλος
papir
χαρτί
pisati
γράφω
olovka
στυλό
pisaći sto
γραφείο
lenjir
χάρακας
knjiga
βιβλίο
učenik
μαθητής

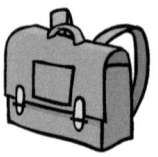

torba

σχολική τσάντα

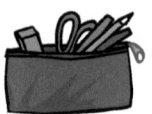

pernica

κασετίνα/ μολυβοθήκη

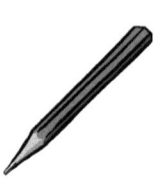

drvena olovka

μολύβι

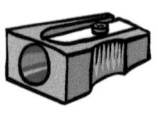

šiljalo za olovke

ξύστρα

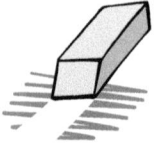

gumica

γόμα

blok za crtanje

μπλοκ ζωγραφικής

crtež

ζωγραφική

kist

πινέλο

kutija s bojama

κουτί χρωμάτων

makaze

ψαλίδι

ljepilo

κόλλα

vježbanka

τετράδιο ασκήσεων

domaća zadaća

εργασία για το σπίτι

12

broj

αριθμός

2+2

sabirati

προσθέτω

5-2

oduzimati

αφαιρώ

2×2

množiti

πολλαπλασιάζω

računati

υπολογίζω

A

slovo

γράμμα

ABCDEFG HIJKLMN OPQRSTU VWXYZ

abeceda

αλφάβητο

hello

riječ

λέξη

tekst
κείμενο

čitati
διαβάζω

kreda
κιμωλία

sat
μάθημα

školski dnevnik
εγγράφομαι

ispit
τεστ

svjedočanstvo
πιστοποιητικό

školska uniforma
μαθητική στολή

izobrazba
εκπαίδευση

leksikon
εγκυκλοπαίδεια

univerzitet
πανεπιστήμιο

mikroskop
μικροσκόπιο

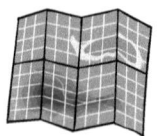

karta
χάρτης

korpa za papir
καλάθι αχρήστων

putovanje
ταξίδι

hotel
ξενοδοχείο
Grand
hostel
ξενώνας
ROOMS
EXCHANGE
mjenjačnica
ανταλλακτήρια συναλλάγματος
kofer
βαλίτσα
auto
αυτοκίνητο

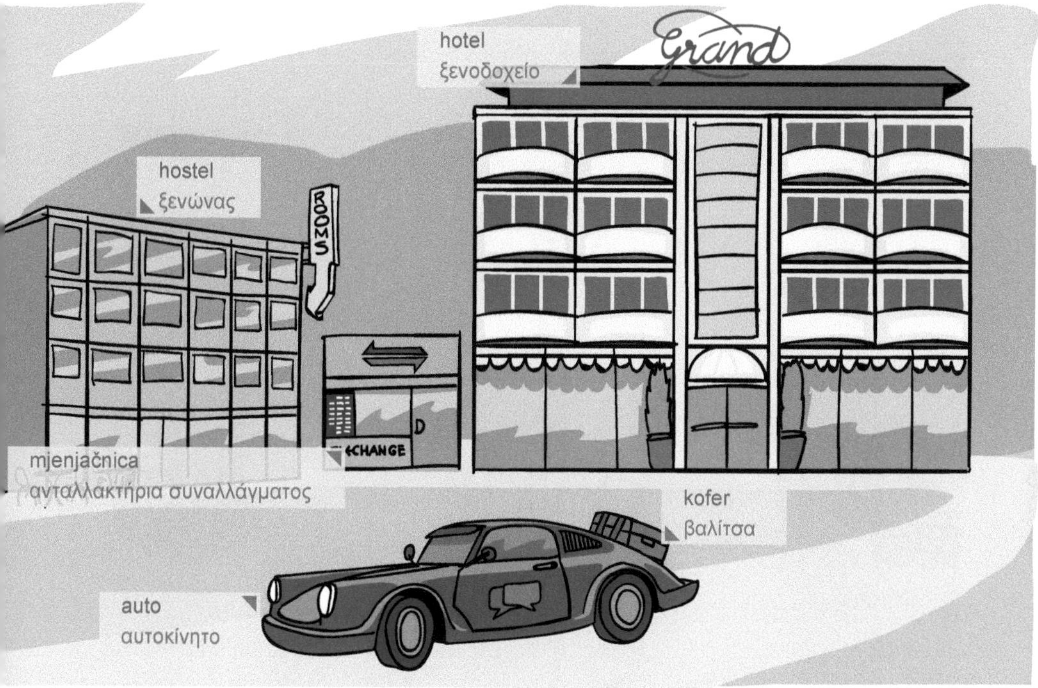

jezik
γλώσσα

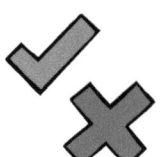

da / ne
ναι / όχι

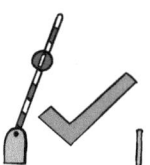

okej
εντάξει

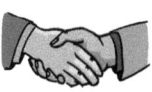

zdravo
γεια σου

tumač
μεταφραστής

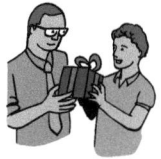

hvala
Ευχαριστώ

Koliko košta...?

πόσο κάνει ;

Ne razumijem

Δε καταλαβαίνω

problem

πρόβλημα

dobro veče!

Καλησπέρα!

Dobro jutro!

Καλημέρα!

Laku noć!

Καληνύχτα!

doviđenja

Αντίο

smjer

κατεύθυνση

prtljag

αποσκευές

torba

τσάντα

ruksak

σακίδιο πλάτης

gost

καλεσμένος

soba

δωμάτιο

vreća za spavanje

υπνόσακος

šator

σκηνή

turističke informacije

τουριστικές πληροφορίες

plaža

παραλία

kreditna kartica

πιστωτική κάρτα

doručak

πρωινό

ručak

μεσημεριανό

večera

δείπνο

putna karta

εισιτήριο

lift

ανελκυστήρας

poštanska markica

γραμματόσημο

granica

σύνορα

carina

τελωνείο

ambasada

πρεσβεία

viza

βίζα

pasoš

διαβατήριο

transport

μεταφορά

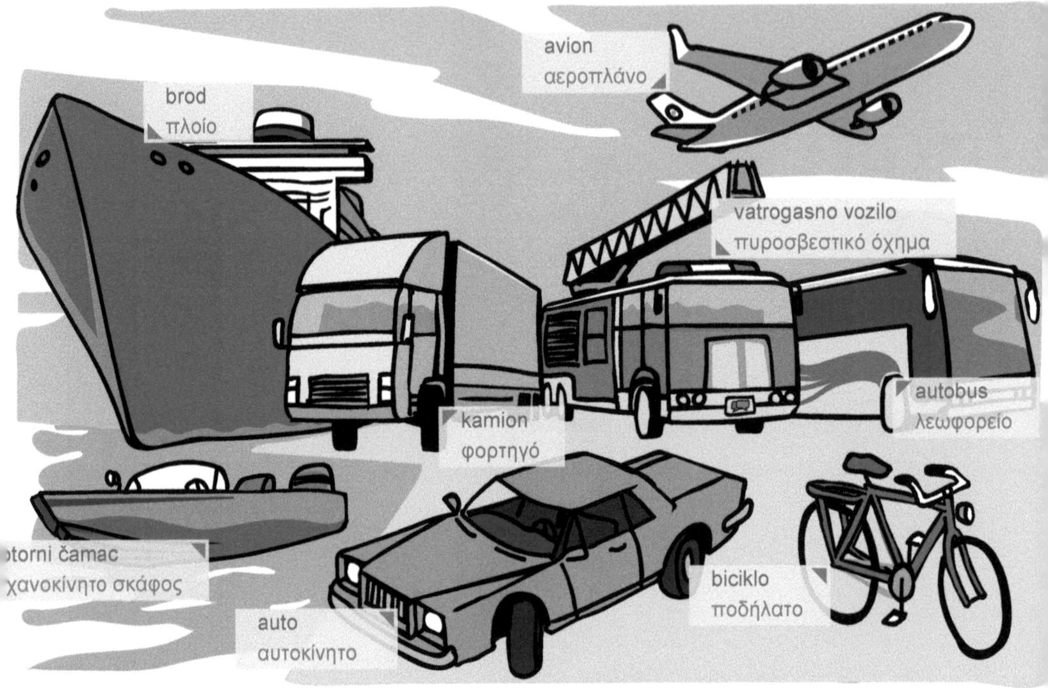

avion
αεροπλάνο
brod
πλοίο
vatrogasno vozilo
πυροσβεστικό όχημα
autobus
λεωφορείο
kamion
φορτηγό
torni čamac
χανοκίνητο σκάφος
biciklo
ποδήλατο
auto
αυτοκίνητο

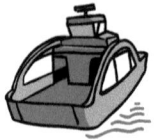

trajekt

φεριμπότ

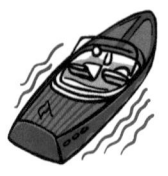

brod

βάρκα

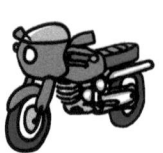

motocikl

μοτοσικλέτα

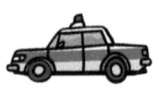

policijski automobil

περιπολικό

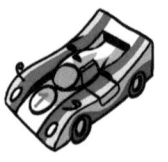

trkaći automobil

αγωνιστικό αυτοκίνητο

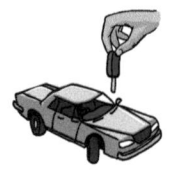

unajmljeni automobil

ενοικιαζόμενο αυτοκίνητο

kar-šering

διαμοιρασμός αυτοκινήτων

pauk

γερανός

smećarsko vozilo

απορριμματοφόρο

motor

κινητήρας

gorivo

καύσιμο

benzinska pumpa

βενζινάδικο

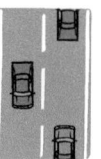

saobraćajni znak

πινακίδα σήμανσης

saobraćaj

κυκλοφορία

zastoj

κυκλοφοριακή συμφόρηση

parking

χώρος στάθμευσης

željeznička stanica

σιδηροδρομικός σταθμός

šine

σιδηροδρομικές γραμμές

voz

τρένο

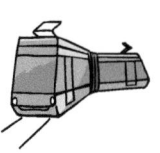

tramvaj

τραμ

vagon

βαγόνι

transport - μεταφορά

helikopter

ελικόπτερο

aerodrom

αεροδρόμιο

toranj

πύργος

putnik

επιβάτης

kontejner

εμπορευματοκιβώτιο

karton

χαρτοκιβώτιο

tačke

καρότσι

korpa

καλάθι

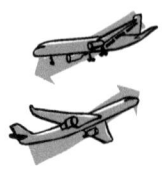

poletjeti / sletjeti

απογειώνομαι /
προσγειόνομαι

grad

πόλη

selo

χωριό

centar grada

κέντρο της πόλης

kuća

σπίτι

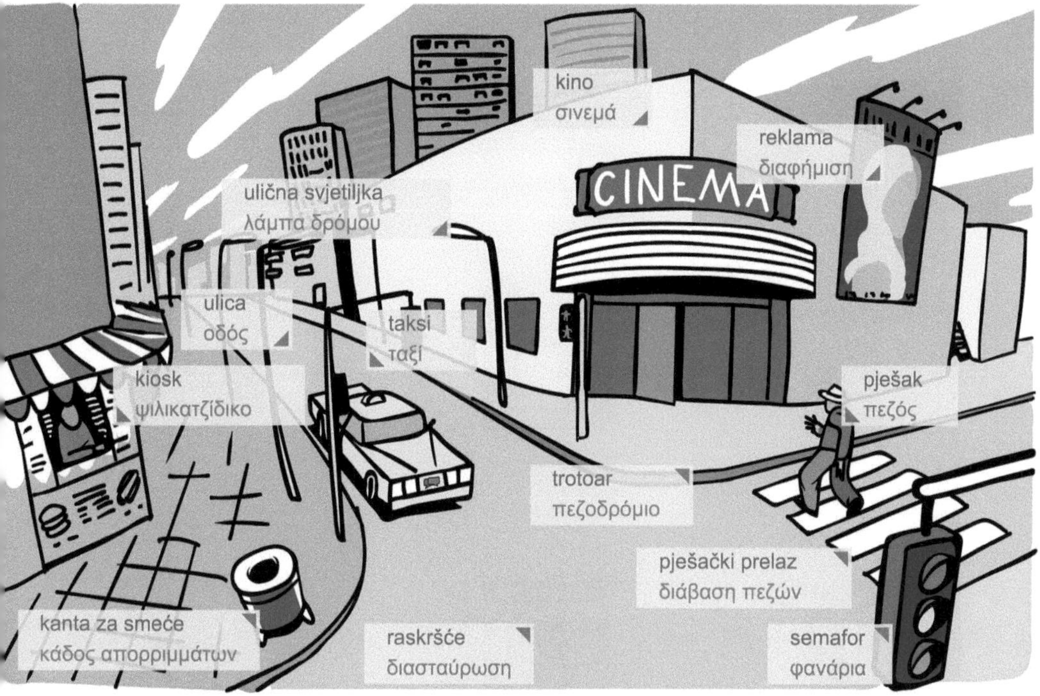

kino / σινεμά

reklama / διαφήμιση

ulična svjetiljka / λάμπα δρόμου

ulica / οδός

taksi / ταξί

kiosk / ψιλικατζίδικο

CINEMA

pješak / πεζός

trotoar / πεζοδρόμιο

pješački prelaz / διάβαση πεζών

kanta za smeće / κάδος απορριμμάτων

raskršće / διασταύρωση

semafor / φανάρια

koliba

καλύβα

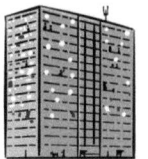

stan

διαμέρισμα

željeznička stanica

σιδηροδρομικός σταθμός

vjećnica

δημαρχείο

muzej

μουσείο

škola

σχολείο

univerzitet

πανεπιστήμιο

banka

τράπεζα

bolnica

νοσοκομείο

hotel

ξενοδοχείο

apoteka

φαρμακείο

ured

γραφείο

knjižara

βιβλιοπωλείο

radnja

κατάστημα

cvjećara

ανθοπωλείο

supermarket

σούπερ μάρκετ

pijaca

αγορά

robna kuća

πολυκατάστημα

prodavač ribe

ιχθυοπωλείο

trgovački centar

εμπορικό κέντρο

luka

λιμάνι

grad - πόλη

park

πάρκο

klupa

παγκάκι

most

γέφυρα

stepenice

σκάλες

podzemna željeznica

μετρό

tunel

τούνελ

autobuska stanica

στάση λεωφορείου

bar

μπαρ

restoran

εστιατόριο

poštanski sandučić

γραμματοκιβώτιο

saobraćajni znak

πινακίδα δρόμου

sat za naplatu parkinga

παρκόμετρο

zološki vrt

ζωολογικός κήπος

bazen

πισίνα

džamija

τζαμί

seosko imanje

αγρόκτημα

zagađenje okoline

ρύπανση

groblje

νεκροταφείο

crkva

εκκλησία

igralište

παιδική χαρά

hram

ναός

krajolik
τοπίο

list
φύλλο

putokaz
πινακίδα κατεύθυνσης

putokaz
δρόμος

livada
λιβάδι

kamen
πέτρα

drvo
δέντρο

putnik
πεζοπόρος

rijeka
ποτάμι

trava
χορτάρι

cvijet
λουλούδι

dolina

κοιλάδα

brdo

λόφος

jezero

λίμνη

šuma

δάσος

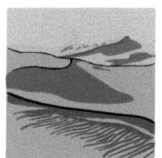

pustinja

έρημος

vulkan

ηφαίστειο

dvorac

κάστρο

duga

ουράνιο τόξο

gljiva

μανιτάρι

palma

φοίνικας

komarac

κουνούπι

muha

μύγα

mrav

μυρμήγκι

pčela

μέλισσα

pauk

αράχνη

buba

σκαθάρι

žaba

βάτραχος

vjeverica

σκίουρος

jež

σκαντζόχοιρος

zec

λαγός

sova

κουκουβάγια

ptica

πουλί

labud

κύκνος

divlja svinja

αγριογούρουνο

jelen

ελάφι

los

άλκη

brana

φράγμα

vjetrenjača

ανεμογεννήτρια

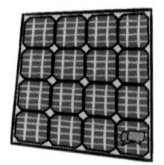

solarni modul

ηλιακός συλλέκτης

klima

κλίμα

restoran
εστιατόριο

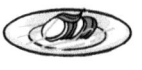

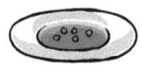

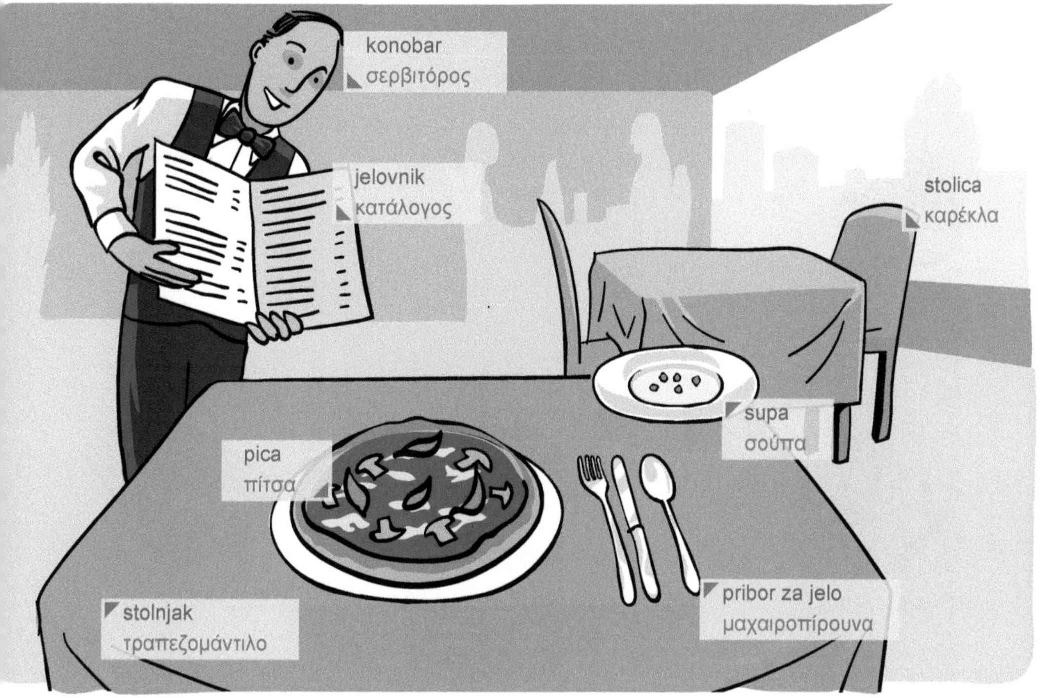
konobar
σερβιτόρος
jelovnik
κατάλογος
stolica
καρέκλα
supa
σούπα
pica
πίτσα
pribor za jelo
μαχαιροπίρουνα
stolnjak
τραπεζομάντιλο

predjelo

ορεκτικό

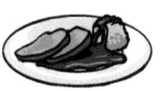

glavno jelo

κύριο πιάτο

desert

επιδόρπιο

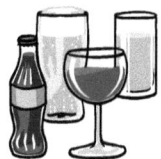

piće

ποτά

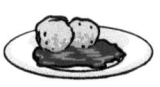

jelo

φαγητό

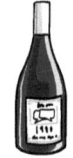

flaša

μπουκάλι

brza hrana

φαστ φουντ

jelo sa ulice

φαγητό στ' όρθιο

čajnik

τσαγιέρα

šećernica

δοχείο ζάχαρης

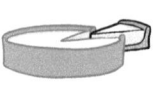

porcija

μερίδα

mašina za espreso

μηχανή εσπρέσο

barska stolica

ψηλή καρέκλα

račun

λογαριασμός

tacna

δίσκος

nož

μαχαίρι

viljuška

πιρούνι

kašika

κουτάλι

kašičica

κουταλάκι του τσαγιού

salveta

πετσέτα φαγητού

čaša

ποτήρι

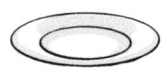

tanjir
πιάτο

tanjir za supu
πιάτο σούπας

tanjurić
πιατάκι φλιτζανιού

sos
σάλτσα

solanik
αλατιέρα

mlin za biber
μύλος για πιπέρι

sirće
ξύδι

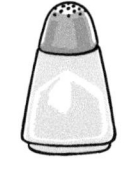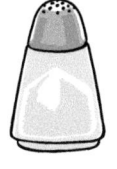

ulje
λάδι

začini
μπαχαρικά

kečap
κέτσαπ

senf
μουστάρδα

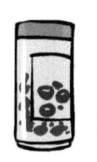

majoneza
μαγιονέζα

supermarket

σούπερ μάρκετ

ponuda
προσφορά
FOR
klijent
πελάτης
mliječni proizvodi
γαλακτοκομικά προϊοντα
voće
φρούτα
kolica za kupovinu
καρότσι για ψώνια

BUTCHERS

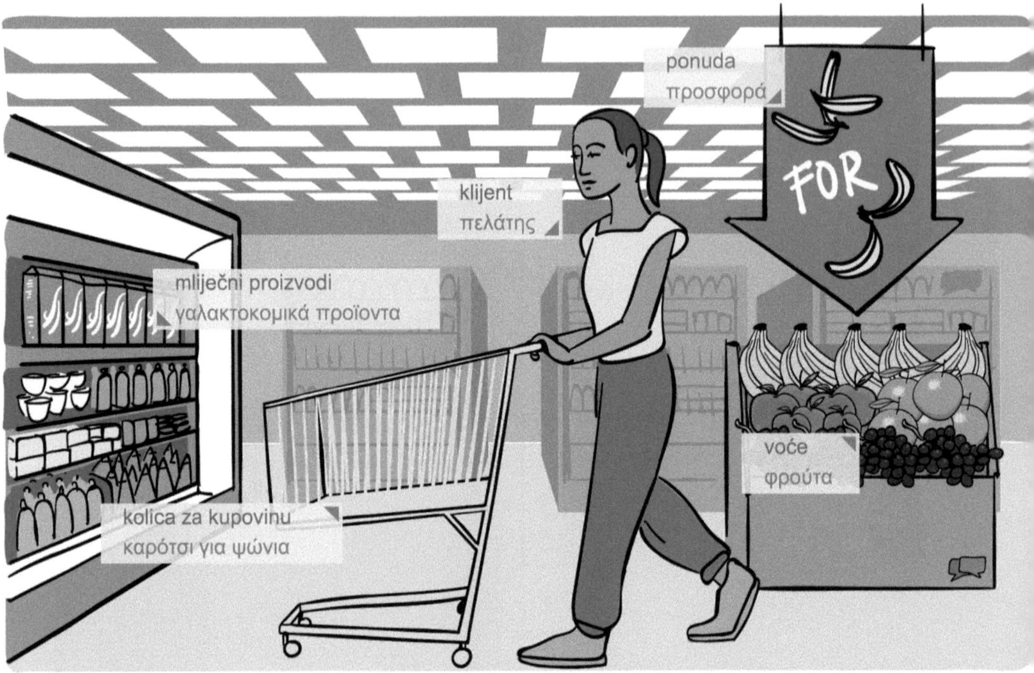

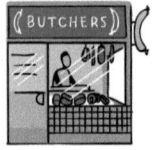

mesnica- klaonica

κρεοπωλείο

BAKERY

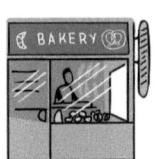

pekara

φούρνος

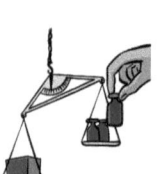

vagati

ζυγίζω

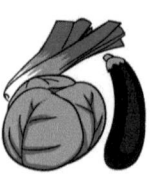

povrće

λαχανικά

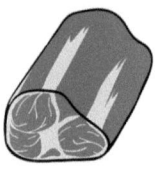

meso

κρέας

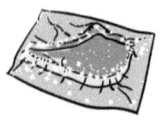

zaleđena hrana

κατεψυγμένα τρόφιμα

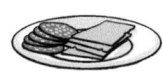

narezak
αλλαντικά

konzerve
κονσερβοποιημένη τροφή

prašak za veš
απορρυπαντικό ρούχων

slatkiši
γλυκά

kućanski proizvodi
οικιακά είδη

sredstvo za čišćenje
καθαριστικά προϊόντα

prodavačica
πωλήτρια

kasa
ταμείο

blagajnik
ταμίας

lista za kupovinu
λίστα για ψώνια

radno vrijeme
ωράριο λειτουργίας

novčanik
πορτοφόλι

kreditna kartica
πιστωτική κάρτα

torba
τσάντα

najlonska vrećica
πλαστική σακούλα

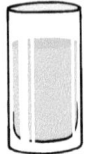

voda

νερό

sok

χυμός

mlijeko

γάλα

kola

κόκα κόλα

vino

κρασί

pivo

μπίρα

alkohol

αλκοόλ

kakao

κακάο

čaj

τσάι

kafa

καφές

espreso

εσπρέσο

kapućino

καπουτσίνο

banana

μπανάνα

jabuka

μήλο

narandža

πορτοκάλι

lubenica

πεπόνι

limun

λεμόνι

mrkva

καρότο

bijeli luk

σκόρδο

bambus

μπαμπού

crveni luk

κρεμμύδι

gljiva

μανιτάρι

orašasti plodovi

ξηροί καρποί

pasta

νουντλς

špagete

μακαρόνια

riža

ρύζι

salata

σαλάτα

pomfrit

πατατάκια

pečeni krompir

τηγανητές πατάτες

pica

πίτσα

hamburger

χάμπουργκερ

sendvič

σάντουιτς

šnicla

κοτολέτα

šunka

ζαμπόν

kobasica

σαλάμι

kobasica

λουκάνικο

kokoš

κοτόπουλο

pečenje

ψητό

riba

ψάρι

zobene pahuljice

χυλός βρώμης

muzli

μούσλι

kornfleks

κορν φλέικς

brašno

αλεύρι

kroason

κρουασάν

zemičke

ψωμάκι

kruh

ψωμί

tost

τοστ

keksi

μπισκότα

maslac

βούτυρο

svježi sir

τυρόπηγμα

kolač

κέικ

jaje

αυγό

jaje na oko

τηγανητό αυγό

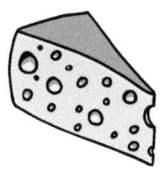

sir

τυρί

jelo - φαγητό

sladoled

παγωτό

šećer

ζάχαρη

med

μέλι

marmelada

μαρμελάδα

nugat krema

άλλειμμα σοκολάτας

kuri

κάρυ

seosko imanje
αγρόκτημα

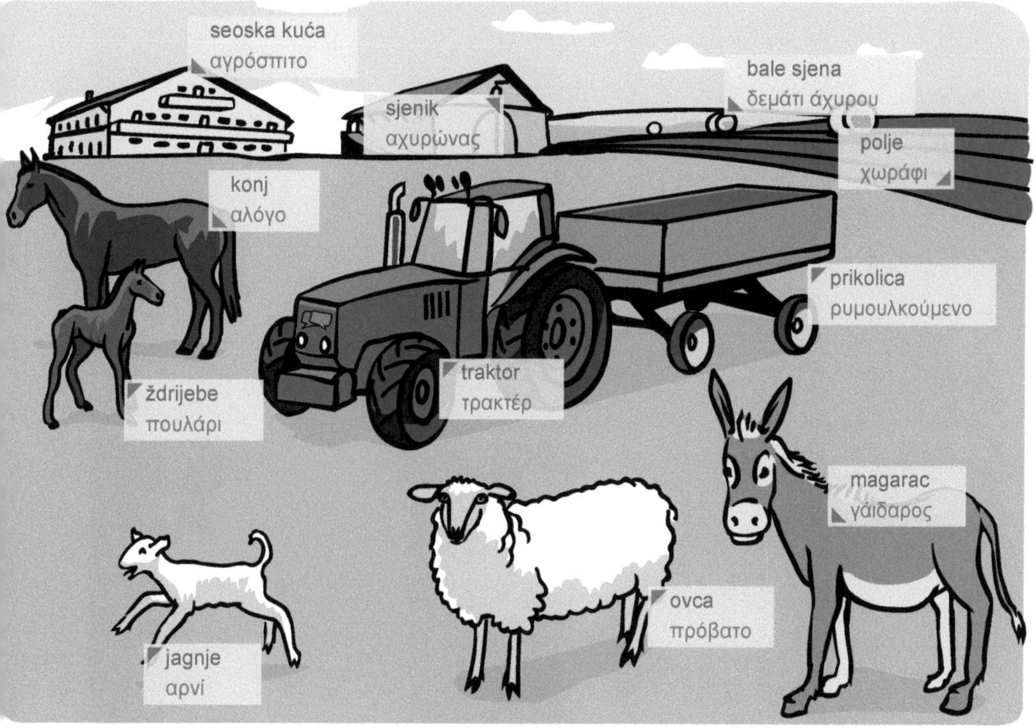
seoska kuća
αγρόσπιτο
sjenik
αχυρώνας
bale sjena
δεμάτι άχυρου
polje
χωράφι
konj
αλόγο
prikolica
ρυμουλκούμενο
traktor
τρακτέρ
ždrijebe
πουλάρι
magarac
γάιδαρος
ovca
πρόβατο
jagnje
αρνί

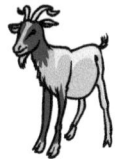

koza

κατσίκα

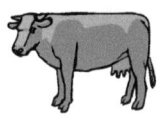

krava

αγελάδα

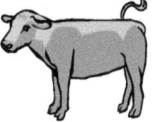

tele

μοσχαράκι

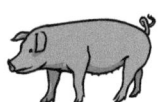

svinja

γουρούνι

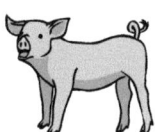

prase

γουρουνάκι

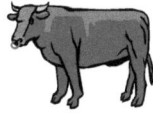

bik

ταύρος

guska

χήνα

patka

πάπια

pile

κοτοπουλάκι

kokoška

κότα

pjetao

κόκορας

pacov

αρουραίος

mačka

γάτα

miš

ποντίκι

vol

βόδι

pas

σκύλος

pseća kućica

σπιτάκι σκύλου

crijevo za baštu

λάστιχο κήπου

kanta za zalijevanje

ποτιστήρι

kosa

θεριστήρι

plug

αλέτρι

srp

δρεπάνι

motika

τσάπα

vile

δίκρανο

sjekira

τσεκούρι

tačke

χειράμαξα

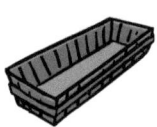

korito

ταΐστρα

bokal za mlijeko

δοχείο γάλακτος

vreća

σάκος

ograda

φράχτης

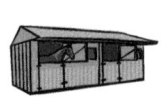

štala

στάβλος

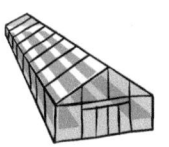

staklenik

θερμοκήπιο

tlo

έδαφος

sjeme

σπόρος

đubrivo

λίπασμα

kombajn

θεριζοαλωνιστική μηχανή

kositi

θερίζω

žetva

συγκομιδή

jam korijen

γιαμς

pšenica

σιτάρι

soja

σόγια

krompir

πατάτα

kukuruz

καλαμπόκι

uljana repica

κράμβη

drvo voća

οπωροφόρο δέντρο

manioka

μανιόκα

žito

δημητριακά

kuća

σπίτι

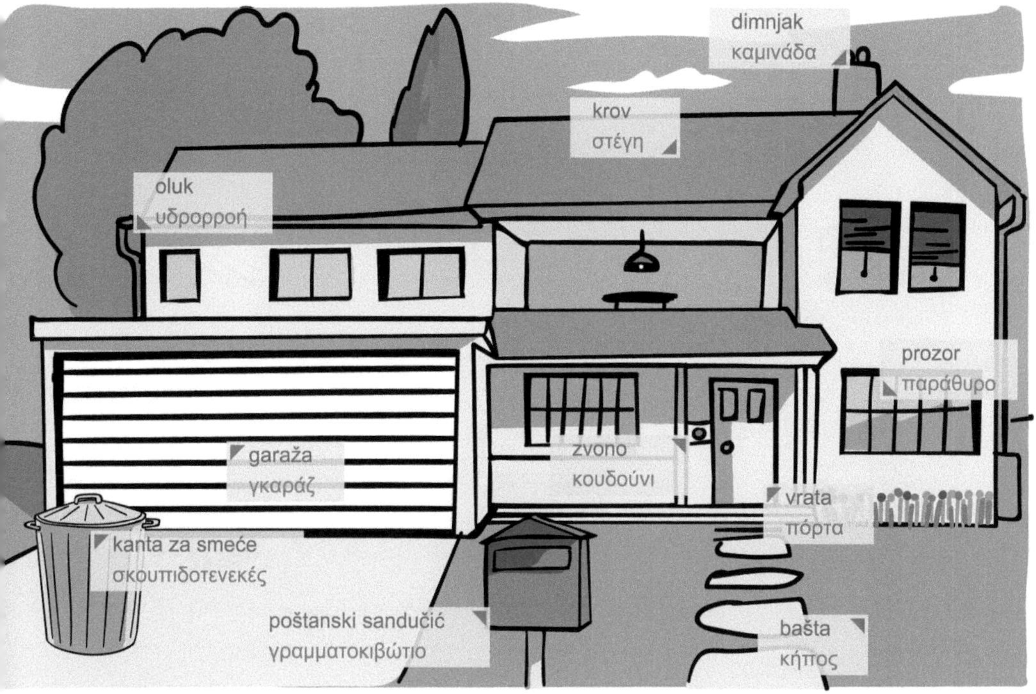
dimnjak
καμινάδα
krov
στέγη
oluk
υδρορροή
prozor
παράθυρο
garaža
γκαράζ
zvono
κουδούνι
vrata
πόρτα
kanta za smeće
σκουπιδοτενεκές
poštanski sandučić
γραμματοκιβώτιο
bašta
κήπος

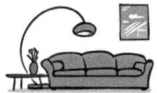

dnevni boravak

σαλόνι

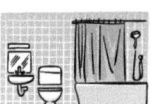

kupatilo

μπάνιο

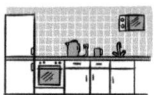

kuhinja

κουζίνα

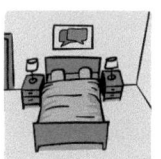

spavaća soba

υπνοδωμάτιο

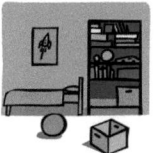

dječija soba

παιδικό δωμάτιο

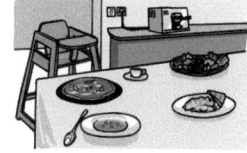

trpezarija

τραπεζαρία

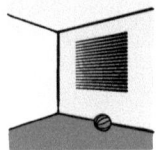

pod, tlo

πάτωμα

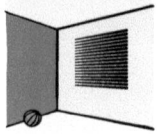

zid

τοίχος

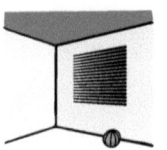

plafon

οροφή

podrum

κελάρι

sauna

σάουνα

balkon

μπαλκόνι

terasa

βεράντα

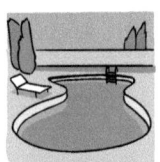

bazen

πισίνα

kosilica

μηχανή του γκαζόν

posteljina

σεντόνι

pokrivač

κάλυμμα κρεβατιού

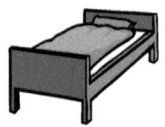

krevet

κρεβάτι

metla

σκούπα

kanta

κουβάς

prekidač

διακόπτης

dnevni boravak
σαλόνι

tapeta
ταπετσαρία
fotografija
φωτογραφία
lampa
λάμπα
polica
ράφι
ormar
ντουλάπι
televizija
τηλεόραση
dimnjak
τζάκι
cvijet
λουλούδι
jastuk
μαξιλάρι
kauč
καναπές
vaza
βάζο
daljinski upravljač
τηλεκοντρόλ

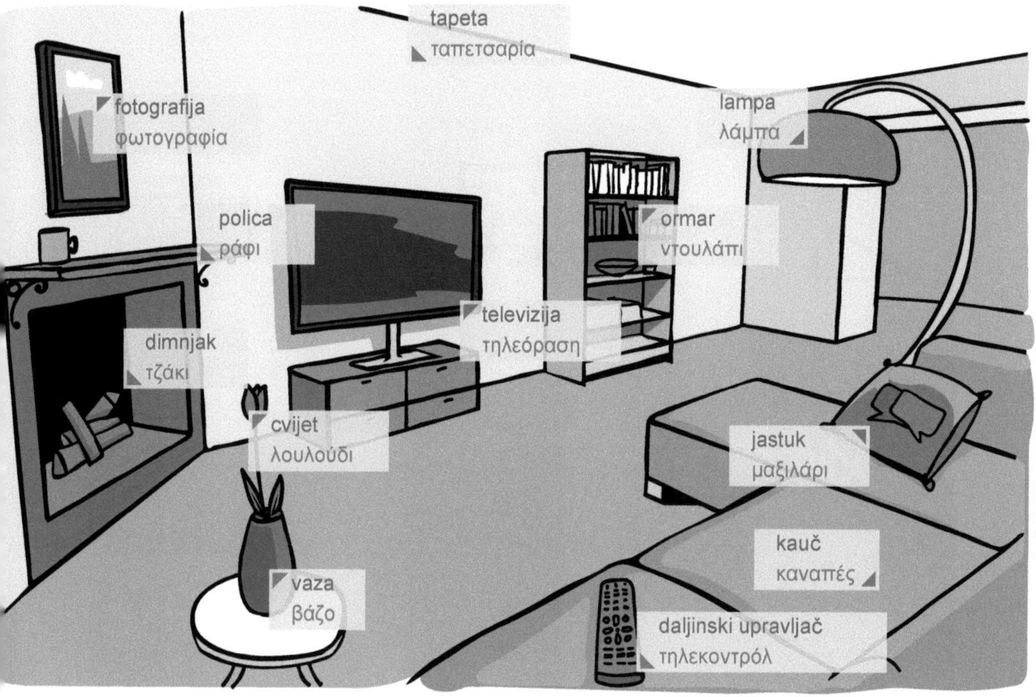

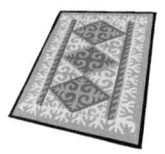

tepih

χαλί

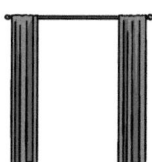

zavjesa

κουρτίνα

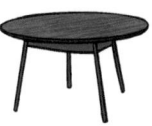

stol

τραπέζι

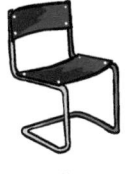

stolica

καρέκλα

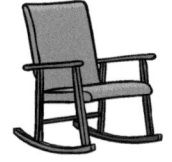

stolica za ljuljanje

κουνιστή πολυθρόνα

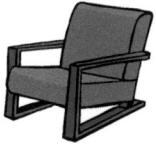

fotelja

πολυθρόνα

knjiga
βιβλίο

deka
κουβέρτα

dekoracija
διακόσμηση

ložno drvo
καυσόξυλα

film
ταινία

stereo uređaj
στερεοφωνικό σύστημα

ključ
κλειδί

novine
εφημερίδα

umjetnička slika
πίνακας ζωγραφικής

poster
αφίσα

radio
ραδιόφωνο

blok za bilješke
σημειωματάριο

usisavač
ηλεκτρική σκούπα

kaktus
κάκτος

svijeća
κερί

kuhinja
κουζίνα

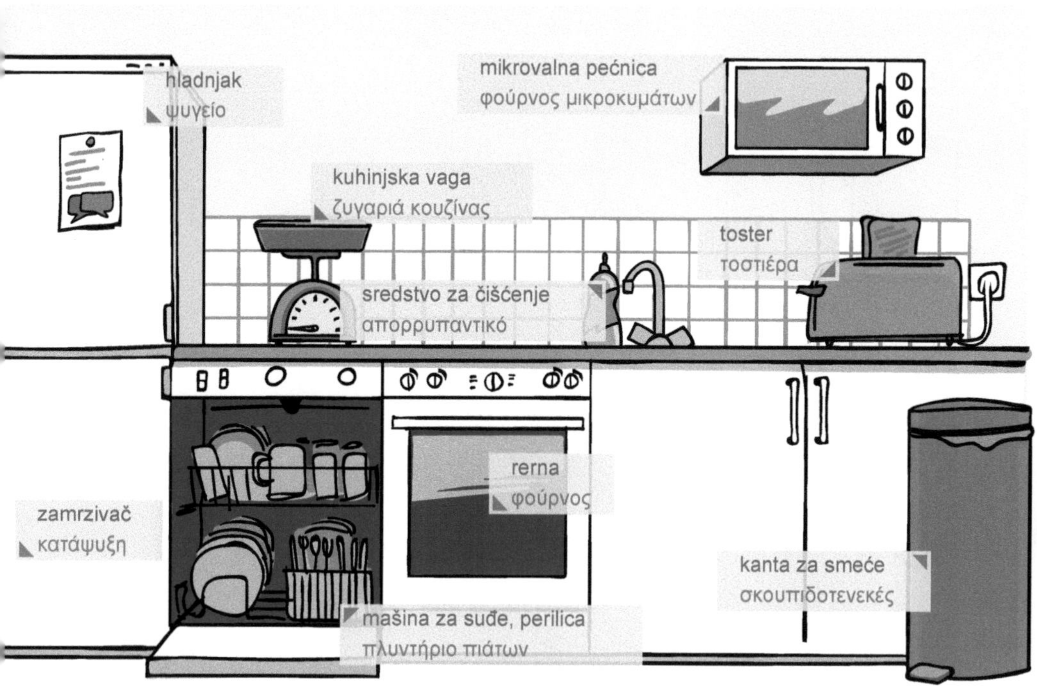

hladnjak
ψυγείο
mikrovalna pećnica
φούρνος μικροκυμάτων
kuhinjska vaga
ζυγαριά κουζίνας
toster
τοστιέρα
sredstvo za čišćenje
απορρυπαντικό
rerna
φούρνος
zamrzivač
κατάψυξη
kanta za smeće
σκουπιδοτενεκές
mašina za suđe, perilica
πλυντήριο πιάτων

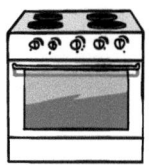

peć

κουζίνα

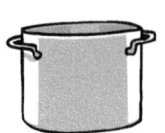

lonac

κατσαρόλα

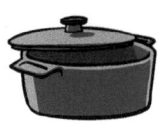

metalni lonac

μαντεμένια κατσαρόλα

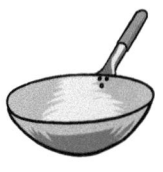

vok / kadai

γουόκ/καντάι

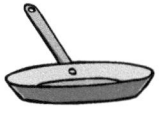

tava, tiganj

τηγάνι

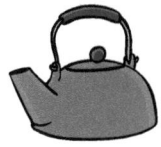

kuhalo

βραστήρας

aparat za kuhanje na pari

ατμομάγειρας

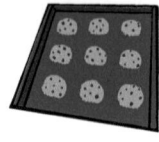

lim za pečenje

ταψί

posuđe

πιατικά

šalica

κούπα

činija

μπολ

kineski štapići

ξυλάκια

kutlača

κουτάλα

lopatica

σπάτουλα

metlica za snijeg bjelanjca

ανακατεύω

sito za kuhanje

σουρωτήρι

sito

σουρωτηράκι

ribež

τρίφτης

avan s tučkom

γουδί

roštilj

ψησταριά

ložište

ανοιχτή φωτιά

daska
σανίδα κοπής

oklagija
πλάστης

vadičep
ανοιχτήρι φελλών

konzerva
κονσέρβα

otvarač za konzerve
ανοιχτήρι κονσέρβας

krpe za lonac
γάντι φούρνου

sudoper
νεροχύτης

četka
βούρτσα

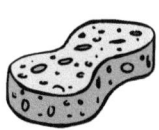

spužva
σφουγγάρι

mikser
μπλέντερ

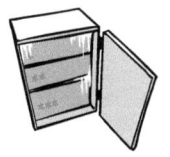

zamrzivač
καταψύκτης

flašica za bebu
μπιμπερό

slavina
βρύση

kupatilo
μπάνιο

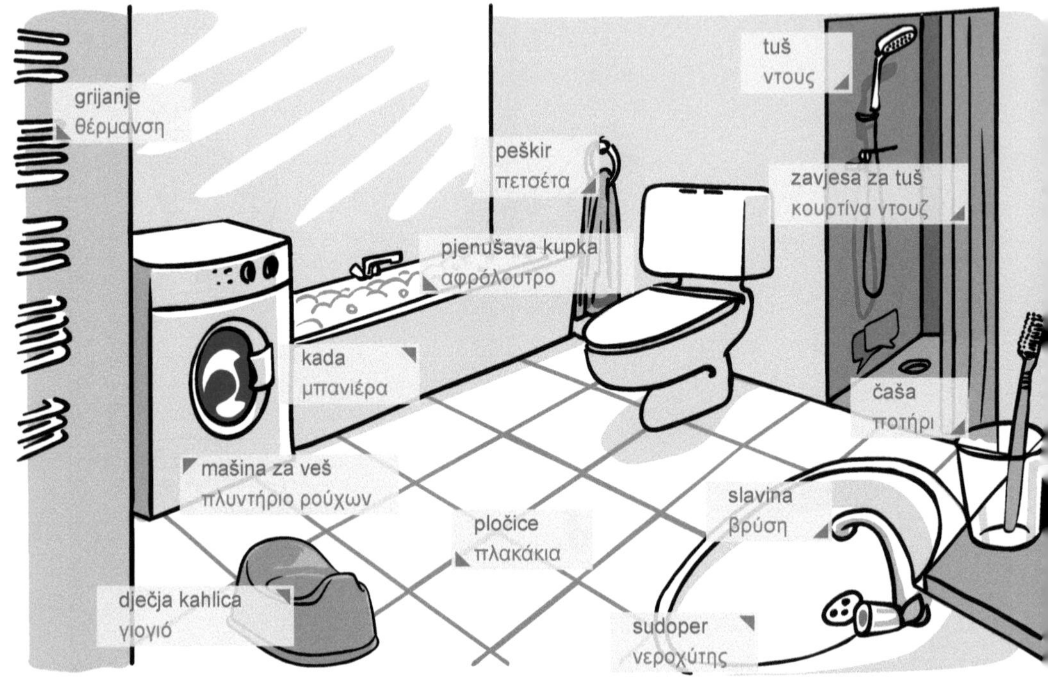

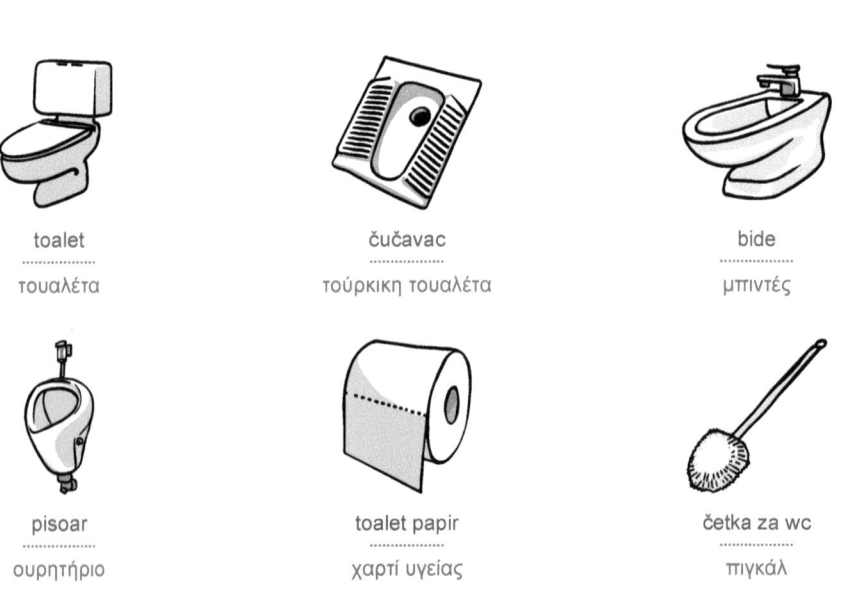

grijanje
θέρμανση
peškir
πετσέτα
tuš
ντους
zavjesa za tuš
κουρτίνα ντουζ
pjenušava kupka
αφρόλουτρο
kada
μπανιέρα
čaša
ποτήρι
mašina za veš
πλυντήριο ρούχων
slavina
βρύση
pločice
πλακάκια
dječja kahlica
γιογιό
sudoper
νεροχύτης

toalet
τουαλέτα

čučavac
τούρκικη τουαλέτα

bide
μπιντές

pisoar
ουρητήριο

toalet papir
χαρτί υγείας

četka za wc
πιγκάλ

četkica za zube

οδοντόβουρτσα

pasta za zube

οδοντόκρεμα

zubni konac

οδοντικό νήμα

prati

πλένω

tuš

τηλέφωνο ντους

intimni tuš

ντουσιέρα

lavor

λεκάνη

četka za leđa

βούρτσα πλάτης

sapun

σαπούνι

gel za tuširanje

αφρόλουτρο

šampon

σαμπουάν

krpe za pranje

φανέλα

odvod

σιφόνι

krema

κρέμα

dezodorans

αποσμητικό

ogledalo

καθρέφτης

ogledalo za šminkanje

καθρέφτης χειρός

brijač

ξυραφάκι

pjena za brijanje

αφρός ξυρίσματος

vodica poslije brijanja

αφτερσέιβ

češalj

χτένα

četka

βούρτσα

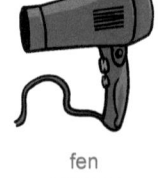

fen

σεσουάρ

sprej za kosu

λακ

puder

μακιγιάζ

karmin

κραγιόν

lak za nokte

βερνίκι νυχιών

vata

βαμβάκι

makazice za nokte

ψαλίδι νυχιών

parfem

άρωμα

kozmetička torbica

νεσεσέρ

hoklica

σκαμπό

vaga

ζυγαριά

kupaći ogrtač

μπουρνούζι

rukavice za čišćenje

ελαστικά γάντια

tampon

ταμπόν

uložak za dame

πετσέτα υγιεινής

hemijski toalet

χημική τουαλέτα

dječija soba

παιδικό δωμάτιο

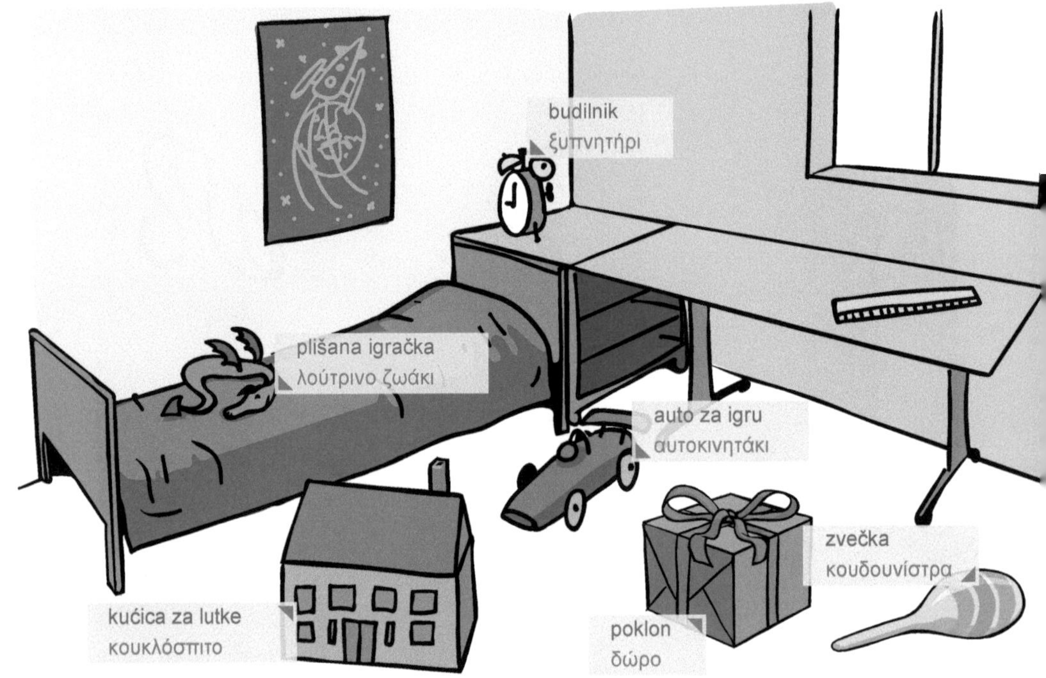
budilnik
ξυπνητήρι
plišana igračka
λούτρινο ζωάκι
auto za igru
αυτοκινητάκι
zvečka
κουδουνίστρα
kućica za lutke
κουκλόσπιτο
poklon
δώρο

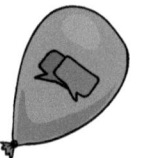

balon
μπαλόνι

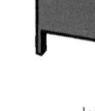

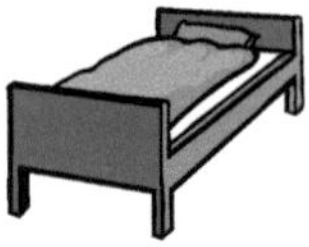

krevet
κρεβάτι

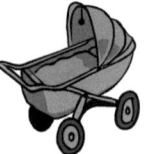

kolica za djecu
καροτσάκι

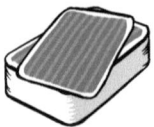

karte za igranje
τράπουλα

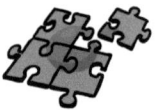

puzle
παζλ

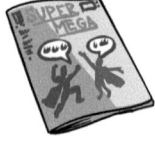

strip
κόμικς

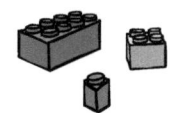

lego kockice

τουβλάκια lego

kockice za gradnju

τουβλάκια κατασκευών

akcione figure

φιγούρα δράσης

benkica

βρεφικό φορμάκι

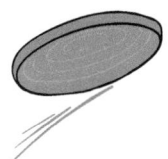

frizbi

φρίσμπι

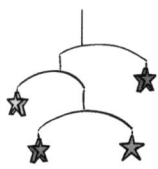

mobile

μόμπιλο

igra na ploči

επιτραπέζιο παιχνίδι

kocka

ζάρια

miniatura željeznice

σετ τρενάκι

cucla

πιπίλα

zabava

πάρτι

slikovnica

εικονογραφημένο βιβλίο

lopta

μπάλα

lutka

κούκλα

igrati

παίζω

pješćanik

σκάμμα με άμμο

ljuljačka

κούνια

igračke

παιχνίδια

konzola za igru

κονσόλα βιντεοπαιχνιδιών

triciklo

τρίκυκλο

medvjedić

αρκουδάκι

ormar

ντουλάπα

odjeća

ρούχα

kratke čarape

κάλτσες

čarape

καλτσοδέτες

hulahopke

καλσόν

šal
κασκόλ

kišobran
ομπρέλα

majica kratkih rukava
μπλουζάκι

kaiš
ζώνη

čizme
μπότες

papuče
παντόφλες

patike
αθλητικά παπούτσια

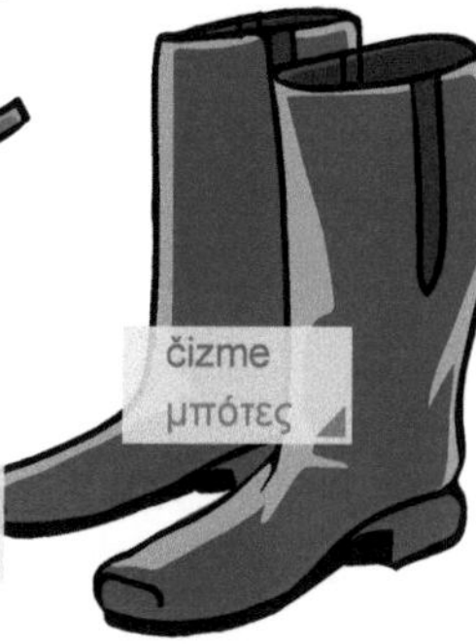

sandale

σανδάλια

cipele

παπούτσια

gumene čizme

γαλότσες

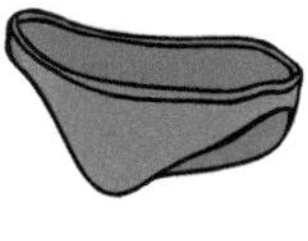

gaće

εσώρουχο

grudnjak

σουτιέν

potkošulja

φανέλα

odjeća - ρούχα

45

bodi
σώμα

hlače
παντελόνι

farmerke
τζιν παντελόνι

suknja
φούστα

bluza
μπλούζα

košulja
πουκάμισο

džemper
πουλόβερ

majica
πουλόβερ

sako
σακάκι

jakna
μπουφάν

mantil
παλτό

kišni mantil
αδιάβροχο πανωφόρι

kostim
κοστούμι

haljina
φόρεμα

vjenčanica
νυφικό

odijelo
κοστούμι

spavaćica
νυχτικό

pidžama
πιτζάμες

sari
σάρι

marama
μαντήλι

turban
τουρμπάνι

burka
μπούρκα

kaftan
καφτάνι

abaja
μουσουλμανικό ένδυμα

kupaći kostim
ολόσωμο μαγιό

kupaće gaće
ανδρικό μαγιό

kratke hlače
σορτς

trenerka
αθλητική φόρμα

pregača
ποδιά

rukavice
γάντια

dugme

κουμπί

naočare

γυαλιά

narukvica

βραχιόλι

ogrlica

περιδέραιο

prsten

δαχτυλίδι

naušnica

σκουλαρίκι

kapa

καπέλο

vješalica

κρεμάστρα

šešir

καπέλο

kravata

γραβάτα

patentni zatvarač

φερμουάρ

kaciga

κράνος

tregeri za hlače

τιράντες

školska uniforma

μαθητική στολή

uniforma

στολή

podbradak

σαλιάρα

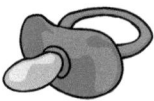

cucla

πιπίλα

pelene

πάνα

ured
γραφείο

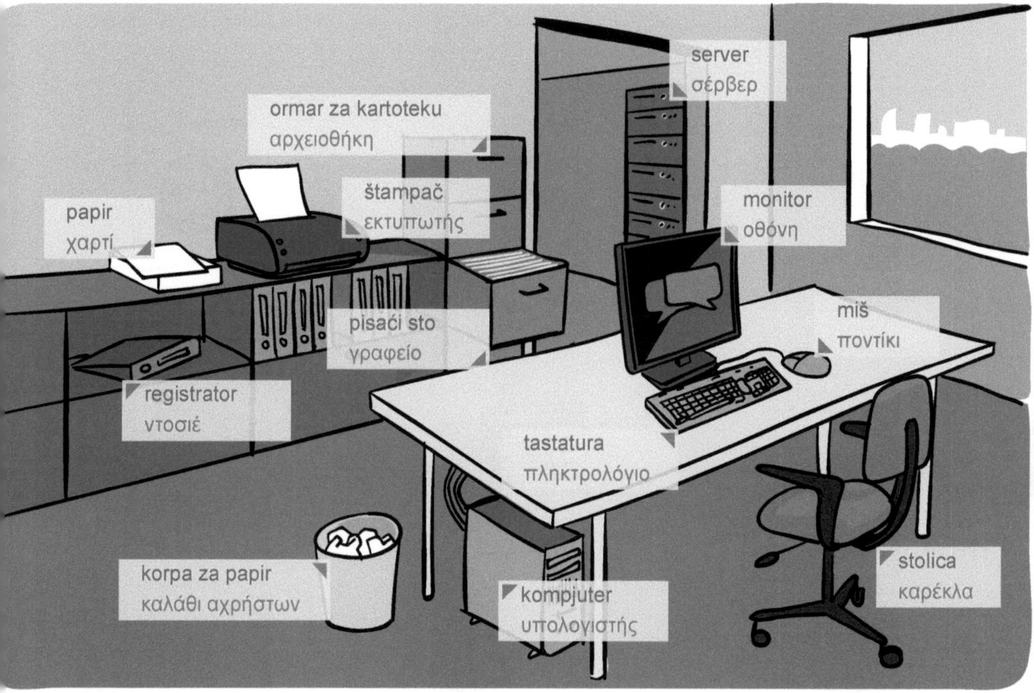

server
σέρβερ

ormar za kartoteku
αρχειοθήκη

štampač
εκτυπωτής

monitor
οθόνη

papir
χαρτί

miš
ποντίκι

pisaći sto
γραφείο

registrator
ντοσιέ

tastatura
πληκτρολόγιο

korpa za papir
καλάθι αχρήστων

kompjuter
υπολογιστής

stolica
καρέκλα

šolja za kafu

κούπα του καφέ

kalkulator

κομπιουτεράκι

internet

ίντερνετ

laptop

λάπτοπ

pismo

γράμμα

poruka

μήνυμα

mobilni telefon

κινητό

mreža

δίκτυο

aparat za kopiranje

φωτοτυπικό μηχάνημα

softver

λογισμικό

telefon

τηλέφωνο

utičnica

πρίζα

faks

συσκευή φαξ

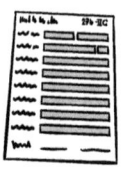

formular

έντυπο

dokument

έγγραφο

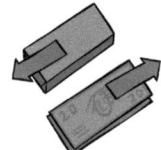

kupovati

αγοράζω

platiti

πληρώνω

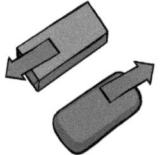

trgovati

συναλλάσσομαι

novac

χρήματα

dolar

δολάριο

euro

ευρώ

jen

γιεν

rublja

ρούβλι

franak

ελβετικό φράγκο

renminbi jen

ρενμίνμπι γιουάν

rupi

ρουπία

bankomat

ATM (αυτόματη ταμειακή μηχανή)

mjenjačnica

ανταλλακτήρια
συναλλάγματος

zlato

χρυσός

srebro

ασήμι

nafta

πετρέλαιο

energija

ενέργεια

cijena

τιμή

ugovor

συμβόλαιο

porez

φόρος

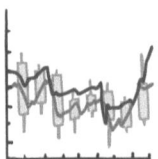

akcija

μετοχή

raditi

δουλεύω

službenik

υπάλληλος

poslodavac

εργοδότης

fabrika

εργοστάσιο

radnja

κατάστημα

zanimanja
επαγγέλματα

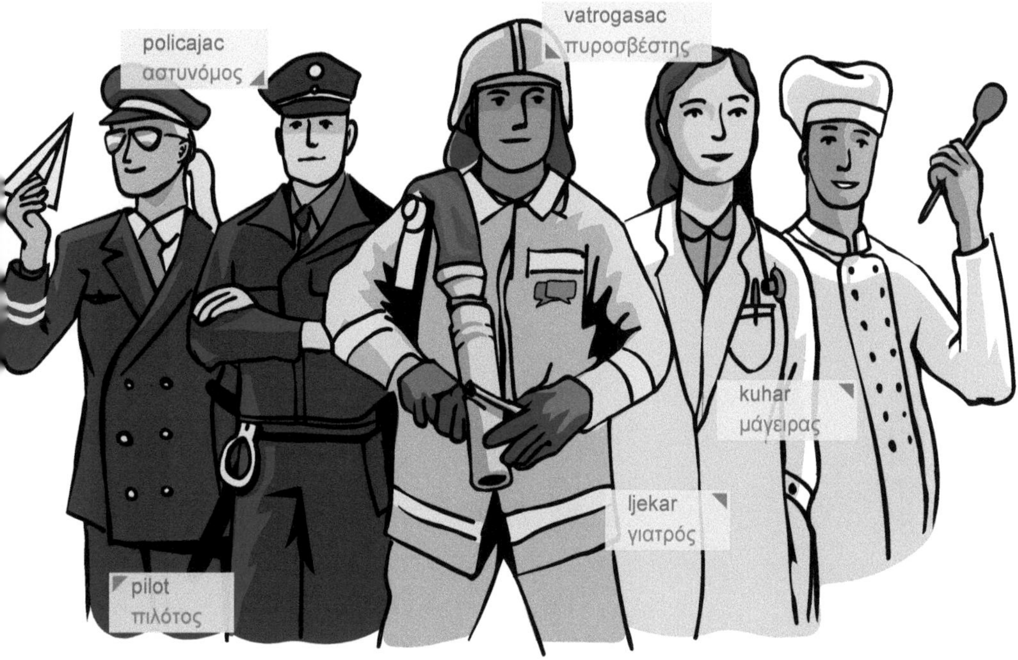
policajac
αστυνόμος
vatrogasac
πυροσβέστης
kuhar
μάγειρας
ljekar
γιατρός
pilot
πιλότος

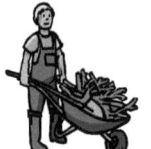

baštovan
κηπουρός

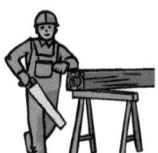

stolar
ξυλουργός

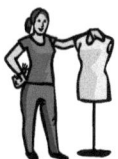

krojačica
μοδίστρα

sudija
δικαστής

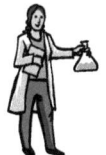

hemičar
χημικός

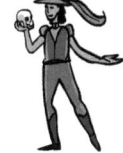

glumac
ηθοποιός

vozač autobusa

οδηγός λεωφορείου

vozač taksija

ταξιτζής

ribar

ψαράς

čistačica

καθαρίστρια

krovopokrivač

τεχνίτης στεγών

konobar

σερβιτόρος

lovac

κυνηγός

moler

ζωγράφος

pekar

αρτοποιός

električar

ηλεκτρολόγος

građevinski radnik

οικοδόμος

inženjer

μηχανολόγος

koljač

κρεοπώλης

limar, vodoinstalater

υδραυλικός

poštar

ταχυδρόμος

vojnik
στρατιώτης

arhitekta
αρχιτέκτονας

blagajnik
ταμίας

cvjećar
ανθοπώλης

frizer
κομμωτής

kontrolor
ελεγκτής εισιτηρίων

mehaničar
μηχανικός

kapiten
καπετάνιος

zubar
οδοντίατρος

naučnik
επιστήμονας

rabin
ραβίνος

imam
ιμάμης

monah
μοναχός

sveštenik
ιερέας

alat
εργαλεία

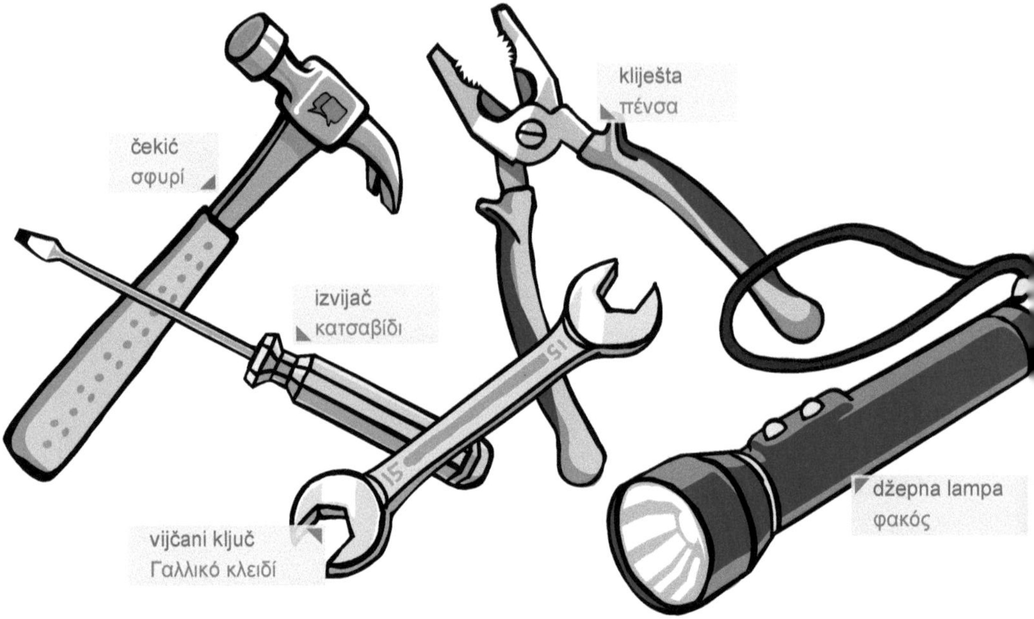

čekić
σφυρί
kliješta
πένσα
izvijač
κατσαβίδι
vijčani ključ
Γαλλικό κλειδί
džepna lampa
φακός

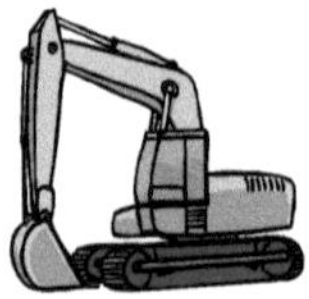

bager

εκσκαφέας

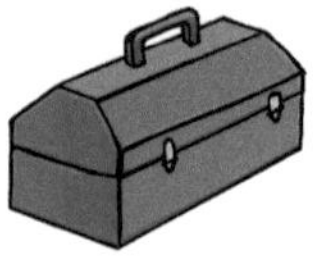

kutija sa alatom

εργαλειοθήκη

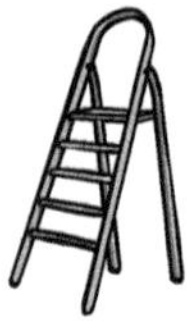

ljestve

σκάλα

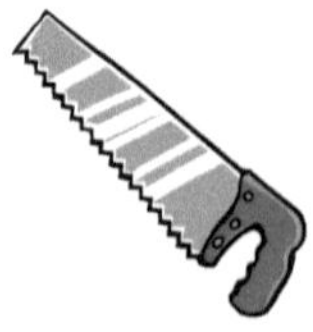

testera, pila

πριόνι

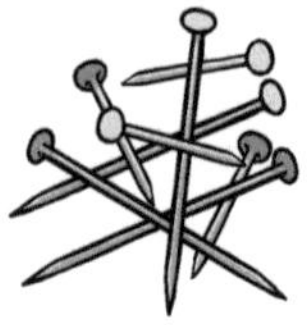

ekser

καρφιά

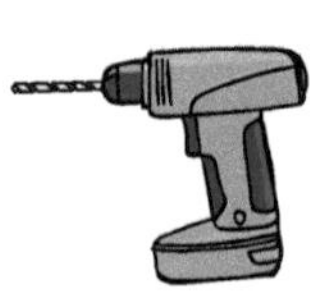

bušilica

τρυπάνι

popraviti

επισκευάζω

lopata

φτυάρι

sranje!

Να πάρει!

lopatica

φαράσι

kanta boje

δοχείο χρωμάτων

vijak

βίδες

muzički instrumenti
μουσικά όργανα

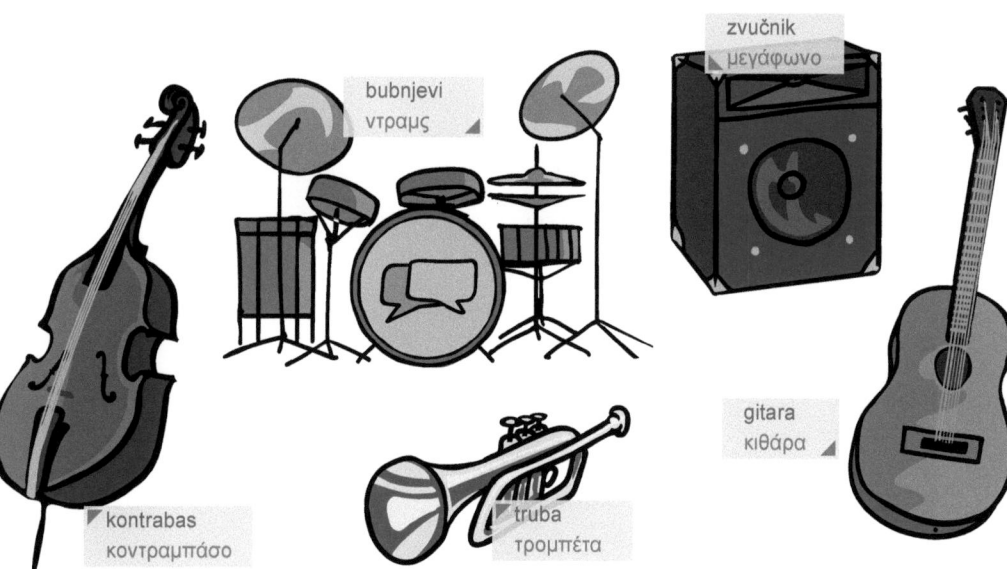

klavir

πιάνο

violina

βιολί

bas

μπάσο

bubanj timpani

τύμπανα

bubanj

τύμπανο

sintisajzer

πλήκτρα

saksofon

σαξόφωνο

flauta

φλάουτο

mikrofon

μικρόφωνο

muzički instrumenti - μουσικά όργανα

zološki vrt

ζωολογικός κήπος

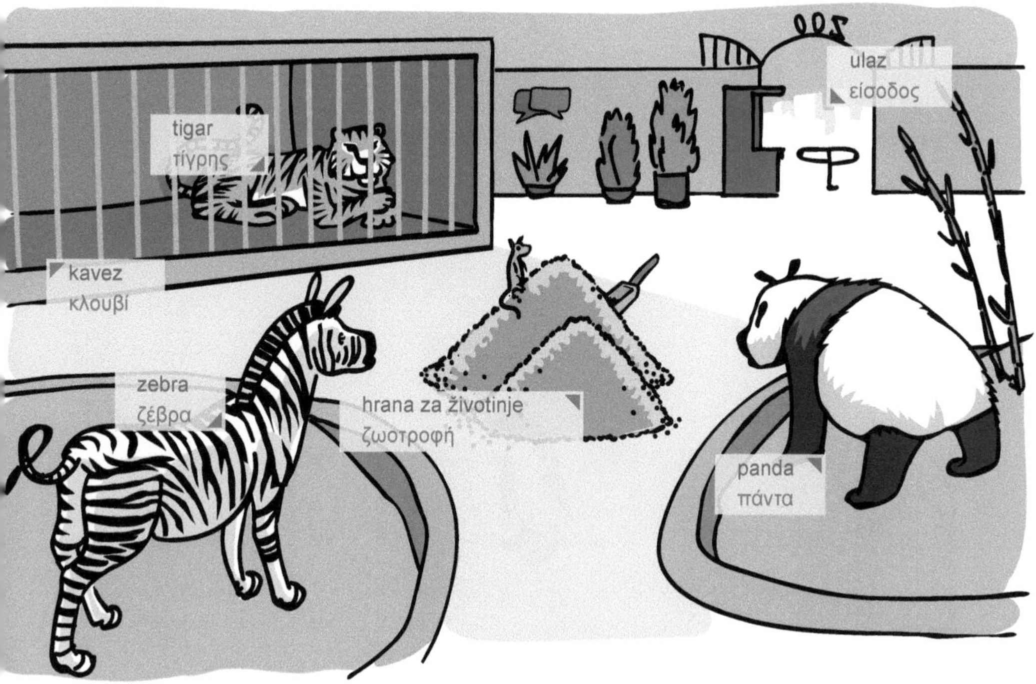
zoo
ulaz
είσοδος
tigar
τίγρης
kavez
κλουβί
zebra
ζέβρα
hrana za životinje
ζωοτροφή
panda
πάντα

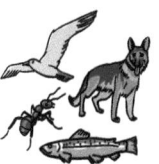

životinje

ζώα

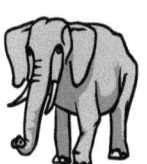

slon

ελέφαντας

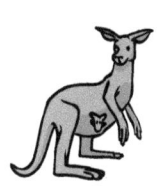

kengur

καγκουρό

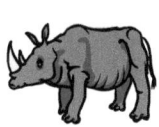

nosorog

ρινόκερος

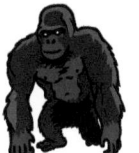

gorila

γορίλας

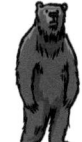

medvjed

αρκούδα

kamila

καμήλα

noj

στρουθοκάμηλος

lav

λιοντάρι

majmun

πίθηκος

flamingo

φλαμίνγκο

papagaj

παπαγάλος

polarni medvjed

πολική αρκούδα

pingvin

πιγκουίνος

morski pas

καρχαρίας

paun

παγώνι

zmija

φίδι

krokodil

κροκόδειλος

čuvar u zološkom vrtu

φύλακας ζωολογικού κήπου

tuljan

φώκια

jaguar

τζάγκουαρ

poni
пóνυ

leopard
λεοπάρδαλη

nilski konj
ιπποπόταμος

žirafa
καμηλοπάρδαλη

orao
αετός

divlja svinja
αγριογούρουνο

riba
ψάρι

kornjača
χελώνα

morž
θαλάσσιος ίππος

lisica
αλεπού

gazela
γαζέλα

američki fudbal
Αμερικάνικο ποδόσφαιρο

vožnja bicikla
ποδηλασία

tenis
αντισφαίριση

košarka
μπάσκετ

plivanje
κολύμβηση

boks
πυγχαμία

hokej na ledu
χόκεϋ επί πάγου

fudbal

ποδόσφαιρο

bedminton

μπάντμιντον

laka atletika

στίβος

rukomet

χάντμπολ

skijanje

σκι

polo

πόλο

smijati se
γελάω

skakati
πηδάω

zagrliti
αγκαλιάζω

ići
περπατάω

pjevati
τραγουδάω

moliti
προσεύχομαι

ljubiti
φιλάω

sanjati
ονειρεύομαι

pisati
γράφω

crtati
σχεδιάζω

pokazati
δείχνω

gurati
πιέζω

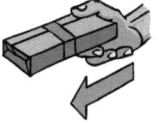

dati
δίνω

uzeti
παίρνω

imati
έχω

raditi
κάνω

biti
είμαι

stajati
στέκομαι

trčati
τρέχω

vući
τραβάω

baciti
ρίχνω

pasti
πέφτω

ležati
ξαπλώνω

čekati
περιμένω

nositi
κουβαλώ

sjediti
κάθομαι

obući
φοράω

spavati
κοιμάμαι

probuditi
ξυπνάω

aktivnosti - δραστηριότητες

pogledati

κοιτάω

plakati

κλαίω

milovati

χαϊδεύω

češljati

χτενίζω

govoriti

μιλάω

razumjeti

καταλαβαίνω

pitati

ρωτάω

slušati

ακούω

piti

πίνω

jesti

τρώω

pospremiti

συγυρίζω

voljeti

αγαπάω

kuhati

μαγειρεύω

voziti

οδηγώ

letjeti

πετάω

jedriti

κάνω ιστιοπλοΐα

računati

υπολογίζω

čitati

διαβάζω

učiti

μαθαίνω

raditi

δουλεύω

vjenčavti

παντρεύομαι

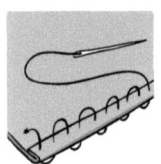

šiti

ράβω

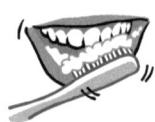

prati zube

βουρτσίζω τα δόντια

ubiti

σκοτώνω

pušiti

καπνίζω

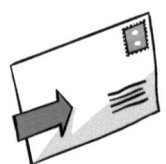

slati

στέλνω

aktivnosti - δραστηριότητες

porodica
οικογένεια

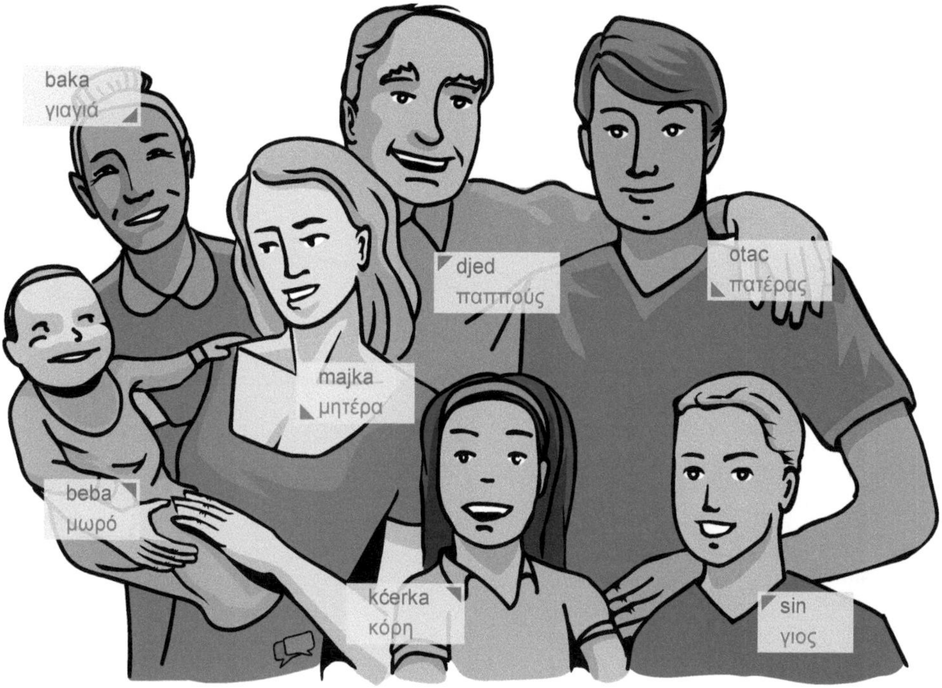
baka
γιαγιά
djed
παππούς
otac
πατέρας
majka
μητέρα
beba
μωρό
kćerka
κόρη
sin
γιος

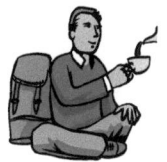

gost

καλεσμένος

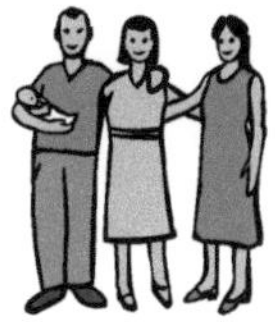

ujna, tetka, strina

θεία

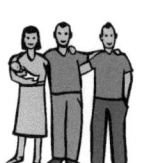

ujak, tetak, stric

θείος

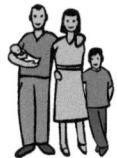

brat

αδελφός

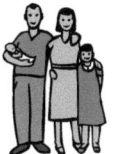

sestra

αδελφή

tijelo
σώμα

čelo
μέτωπο
oko
μάτι
leđa
ώμος
prst
δάχτυλο
lice
πρόσωπο
brada
πιγούνι
ruka, šaka
χέρι
noga
πόδι
grudi
στήθος
ruka
βραχίονας

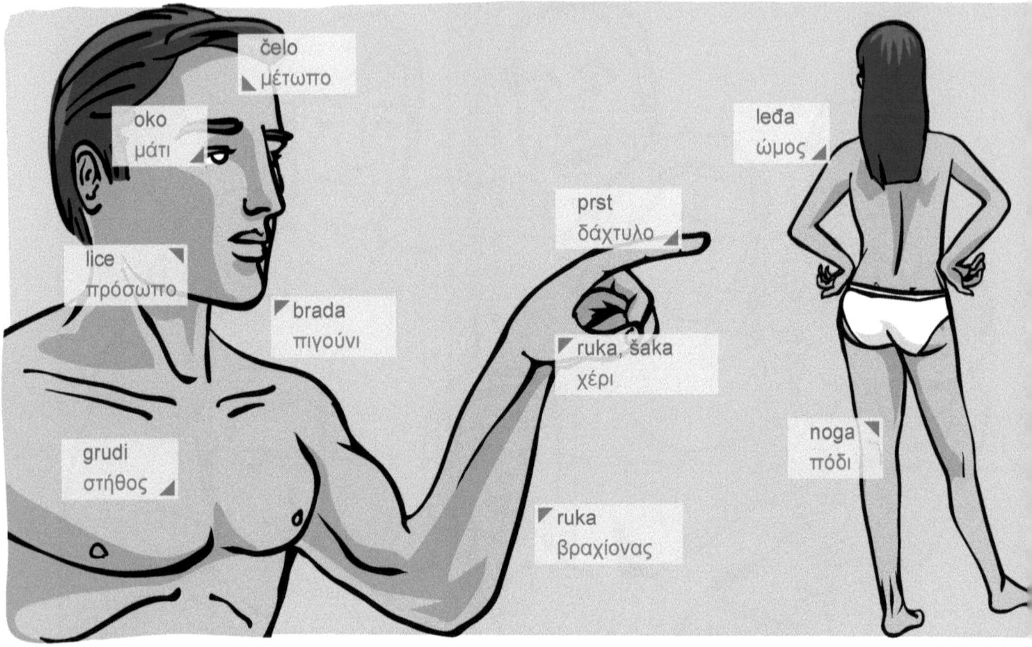

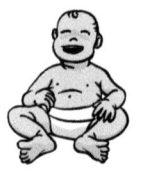

beba
μωρό

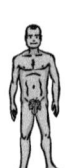

muškarac
άνδρας

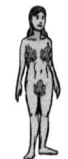

žena
γυναίκα

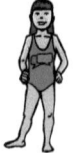

djevojčica
κορίτσι

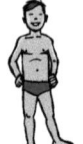

dječak
αγόρι

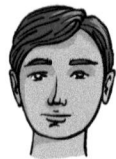

glava
κεφάλι

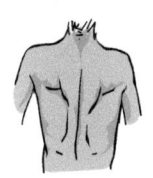

leđa

πλάτη

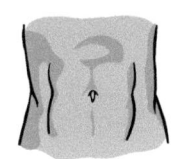

stomak

κοιλιά

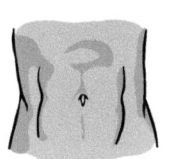

pupak

αφαλός

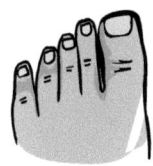

nožni prst

δάχτυλο ποδιού

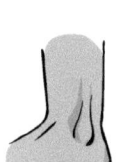

peta

φτέρνα

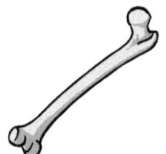

kosti

κόκκαλο

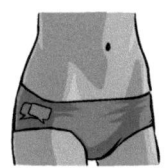

kuk

γοφός

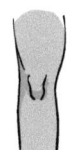

koljeno

γόνατο

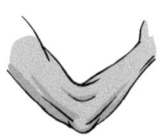

lakat

αγκώνας

nos

μύτη

stražnjica

γλουτός

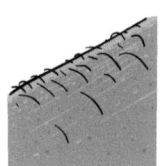

koža

δέρμα

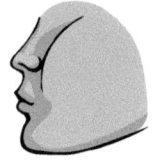

obraz

μάγουλο

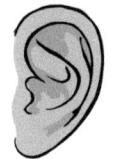

uho

αυτί

usna

χείλος

usta

στόμα

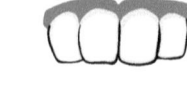

zub

δόντι

jezik

γλώσσα

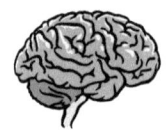

mozak

εγκέφαλος

srce

καρδιά

mišić

μυς

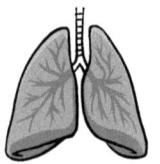

pluća

πνεύμονας

jetra

συκώτι

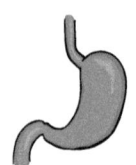

želudac

στομάχι

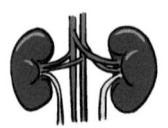

bubreg

νεφρά

spolni odnos

σεξουαλική επαφή

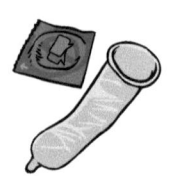

kondom

προφυλακτικό

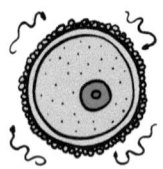

jajna ćelija

ωάριο

sperma

σπέρμα

trudnoća

εγκυμοσύνη

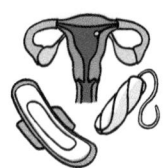

menstruacija

περίοδος

vagina

γυναικείος κόλπος

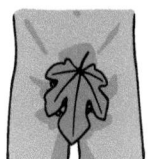

penis

πέος

obrva

φρύδι

kosa

μαλλιά

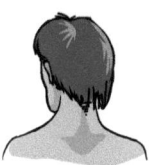

vrat

λαιμός

bolnica

νοσοκομείο

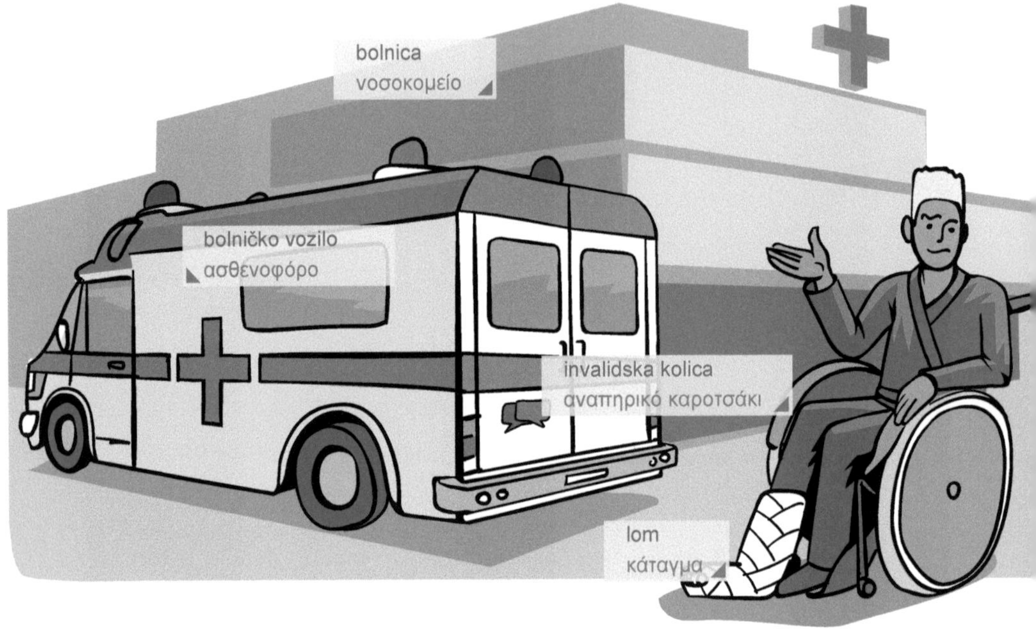

bolnica
νοσοκομείο
bolničko vozilo
ασθενοφόρο
invalidska kolica
αναπηρικό καροτσάκι
lom
κάταγμα

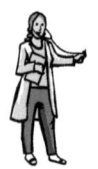

ljekar

γιατρός

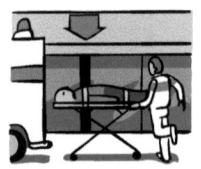

hitna služba

μονάδα εντατικής θεραπείας

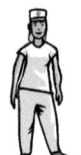

medicinska sestra

νοσοκόμα

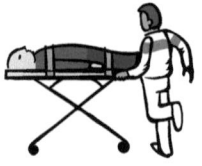

hitna pomoć

έκτακτη ανάγκη

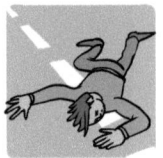

nesvjest

λιπόθυμος

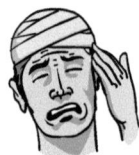

bol

πόνος

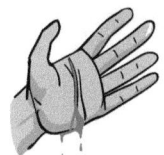

povreda

τραύμα

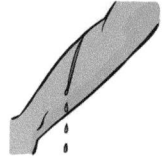

krvarenje

αιμορραγία

srčani udar, infarkt

έμφραγμα

moždani udar

εγκεφαλικό

alergija

αλλεργία

kašalj

βήχας

groznica

πυρετός

gripa

γρίπη

proljev

διάρροια

glavobolja

πονοκέφαλος

rak

καρκίνος

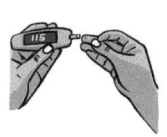

dijabetes

διαβήτης

hirurg

χειρουργός

skalpel

νυστέρι

operacija

εγχείρηση

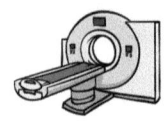

CT

αξονική τομογραφία

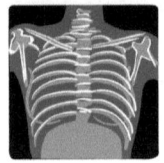

rendgen

ακτινογραφία

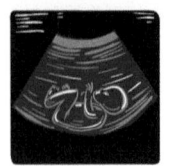

ultrazvuk

υπέρηχος

maska

μάσκα

bolest

ασθένεια

čekaonica

αίθουσα αναμονής

štake

πατερίτσα

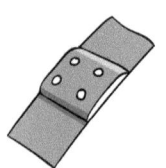

flaster

χάνσαπλαστ

zavoj

επίδεσμος

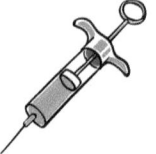

injekcija

ένεση

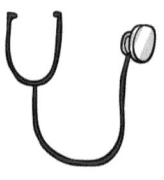

stetoskop

στηθοσκόπιο

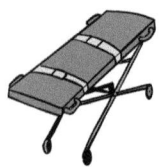

nosilo

φορείο

termometar

θερμόμετρο

porod

γέννηση

prekomjerna težina, debljina

υπέρβαρο

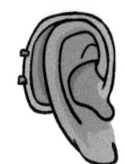

slušni aparat

ακουστικό βαρηκοΐας

sredstvo za dezinfekciju

αντισηπτικό

infekcija

λοίμωξη

virus

ιός

HIV/ AIDS

HIV/AIDS

medicina

φάρμακο

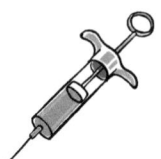

vakcinacija

εμβολιασμός

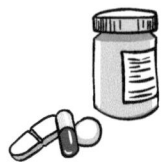

tablete

δισκία

pilula

χάπι

hitni poziv

κλήση έκτακτης ανάγκης

aparat za mjerenje pritiska

πιεσόμετρο αίματος

bolestan / zdrav

άρρωστος / υγιής

Upomoć! Βοήθεια!	 alarm συναγερμός	 napad, prepad βιαιοπραγία
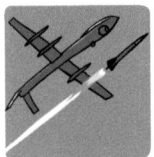 napad επίθεση	 opasnost κίνδυνος	 izlaz u slučaju opasnosti έξοδος κινδύνου
Požar! Φωτιά!	 vatrogasni aparat πυροσβεστήρας	 nezgoda ατύχημα
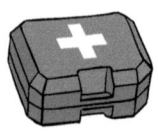 torba prve pomoći κουτί πρώτων βοηθειών	 SOS SOS	 policija αστυνομία

Europa

Ευρώπη

Sjeverna Amerika

Βόρεια Αμερική

Južna Amerika

Νότια Αμερική

Afrika

Αφρική

Azija

Ασία

Australija

Αυστραλία

Atlantik

Ατλαντικός Ωκεανός

Pacifik

Ειρηνικός Ωκεανός

Indijski okean

Ινδικός Ωκεανός

Antarktički okean

Ανταρκτικός Ωκεανός

Arktički okean

Αρκτικός Ωκεανός

Sjeverni pol

Βόρειος Πόλος

Južni pol

Νότιος Πόλος

Antarktik

Ανταρκτική

Zemlja

Γη

zemlja

γη

more

θάλασσα

ostrvo

νησί

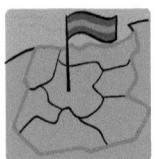

nacija

έθνος

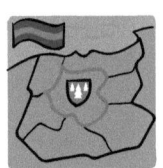

država

πολιτεία

brojčanik sata

καντράν ρολογιού

kazaljka sata

ωροδείκτης

kazaljka minute

λεπτοδείκτης

kazaljka sekunde

δείκτης δευτερολέπτων

Koliko je sati?

Τι ώρα είναι;

dan

ημέρα

vrijeme

χρόνος

sada

τώρα

digitalni sat

ψηφιακό ρολόι

minuta

λεπτό

sat

ώρα

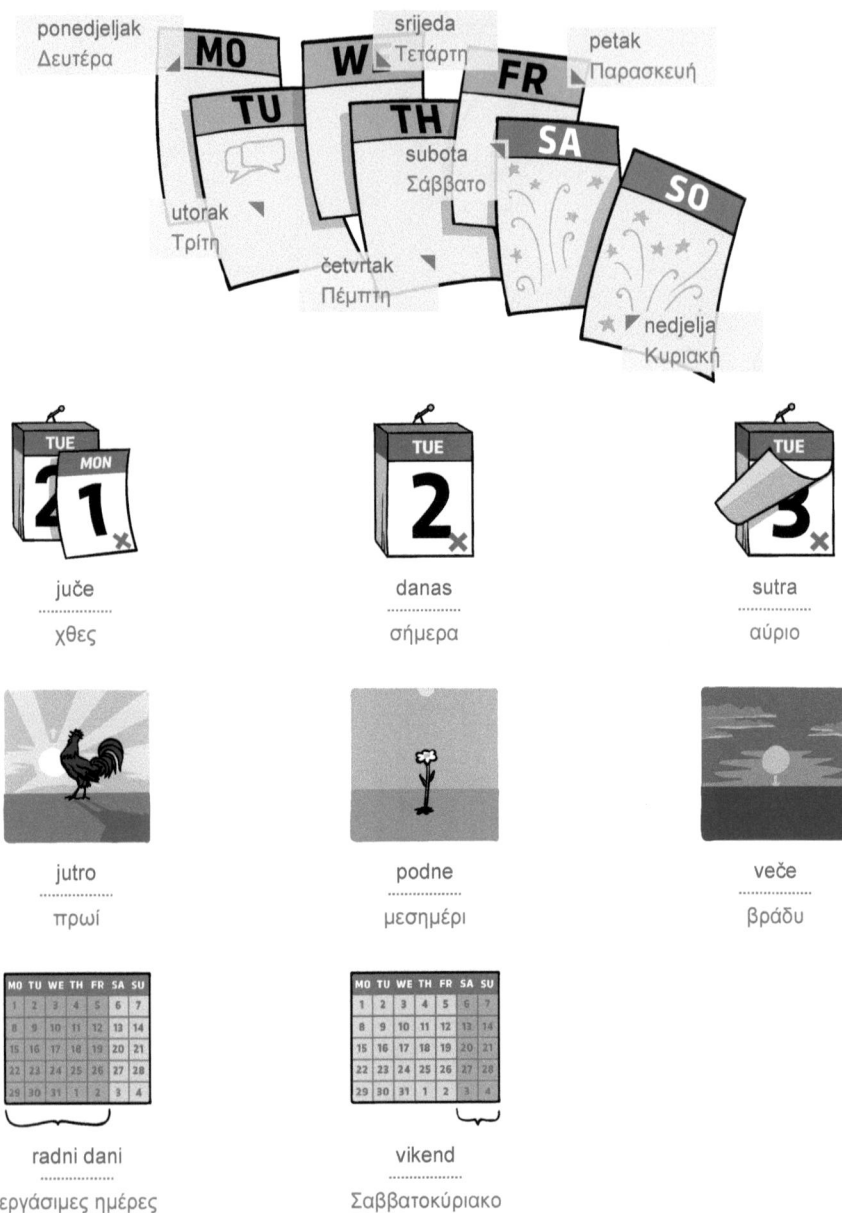

ponedjeljak
Δευτέρα

srijeda
Τετάρτη

petak
Παρασκευή

utorak
Τρίτη

subota
Σάββατο

četvrtak
Πέμπτη

nedjelja
Κυριακή

juče
χθες

danas
σήμερα

sutra
αύριο

jutro
πρωί

podne
μεσημέρι

veče
βράδυ

radni dani
εργάσιμες ημέρες

vikend
Σαββατοκύριακο

godina
έτος

kiša
βροχή
duga
ουράνιο τόξο
vjetar
άνεμος
snijeg
χιόνι
proljeće
άνοιξη
ljeto
καλοκαίρι
jesen
φθινόπωρο
zima
χειμώνας

4.APRIL 11°
5.APRIL 4°
6.APRIL 13°
7.APRIL 8°
8.APRIL 10°

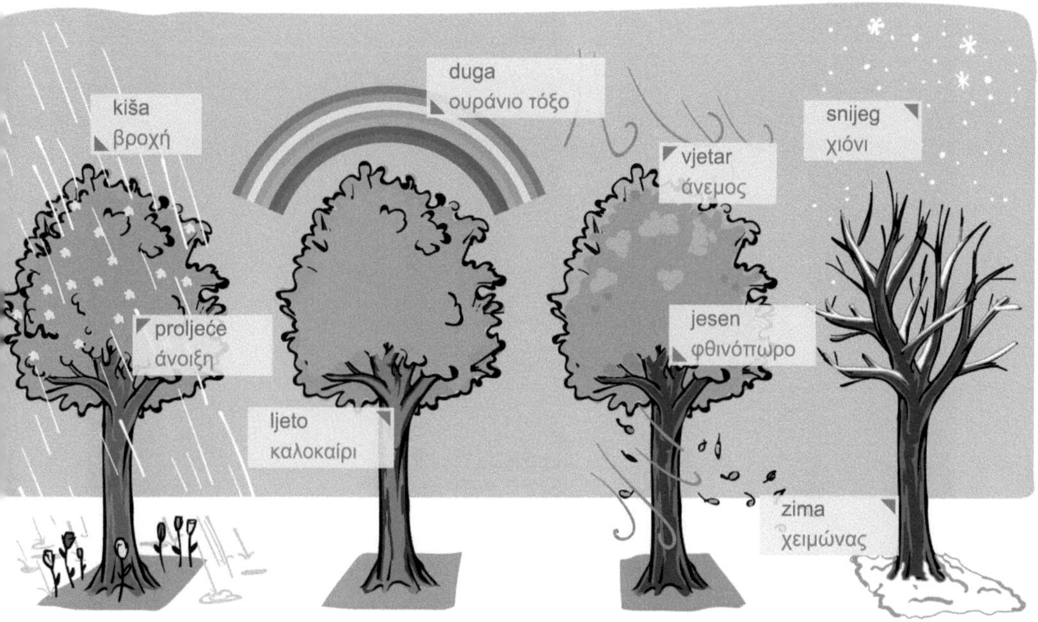

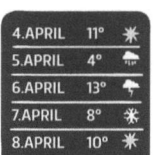

prognoza vremena

πρόγνωση καιρού

F C
120 40
90 30
60 20
30 10
0 0
-30 -10
-20

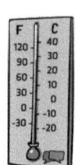

termometar

θερμόμετρο

sunčev sjaj

λιακάδα

oblak

σύννεφο

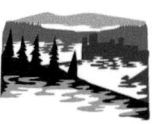

magla

ομίχλη

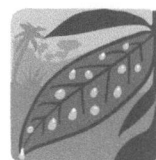

vlažnost vazduha

υγρασία

munja

αστραπή

grom

κεραυνός

oluja

καταιγίδα

tuča, led

χαλάζι

monsun

μουσώνας

poplava

πλημμύρα

led

πάγος

januar

Ιανουάριος

februar

Φεβρουάριος

mart

Μάρτιος

april

Απρίλιος

maj

Μάιος

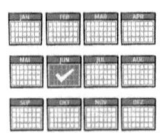

juni

Ιούνιος

juli

Ιούλιος

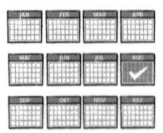

avgust

Αύγουστος

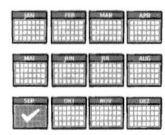

septembar

Σεπτέμβριος

oktobar

Οκτώβριος

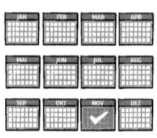

novembar

Νοέμβριος

decembar

Δεκέμβριος

oblici
σχήματα

krug

κύκλος

kvadrat

τετράγωνο

pravougao

ορθογώνιο
παραλληλόγραμμο

trougao

τρίγωνο

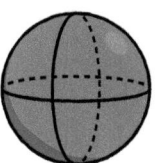

kugla

σφαίρα

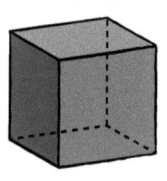

kocka

κύβος

bjel

άσπρο

žut

κίτρινο

narandžast

πορτοκαλί

pink

ροζ

crven

κόκκινο

ljubičast

μωβ

plav

μπλε

zelen

πράσινο

smeđ

καφέ

siv

γκρι

crn

μαύρο

malo / mnogo

πολύ / λίγο

ljutit / miran

θυμωμένος / ήρεμος

lijep / ružan

όμορφος / άσχημος

početak / kraj

αρχή / τέλος

veliki / mali

μεγάλος / μικρός

svijetlo / tamno

φωτεινός / σκοτεινός

brat / sestra

αδελφός / αδελφή

čist / prljav

καθαρός / λερωμένος

potpun / nepotpun

πλήρης / ατελής

dan / noć

ημέρα / νύχτα

mrtav / živ

νεκρός / ζωντανός

široko / usko

φαρδύς / στενός

ukusno / neukusno

βρώσιμος / μη βρώσιμος

zao / prijatan

κακός / ευγενικός

uzbuđen / dosadan

ενθουσιασμένος /
βαριεστημένος

debeo / mršav

παχύς / λεπτός

najprije / najkasnije

πρώτος / τελευταίος

prijatelj / neprijatelj

φίλος / εχθρός

pun / prazan

γεμάτος / άδειος

trvd / mekan

σκληρός / μαλακός

težak / lagan

βαρύς / ελαφρύς

glad / žeđ

πείνα / δίψα

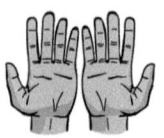

bolestan / zdrav

άρρωστος / υγιής

ilegalan / legalan

παράνομος / νόμιμος

inteligentan / glup

έξυπνος / χαζός

lijevo / desno

αριστερός / δεξιός

blizu / daleko

κοντινός / μακρινός

nov / polovan

καινούριος /
μεταχειρισμένος

ništa / nešto

τίποτα / κάτι

star / mlad

γέρος | νέος

uključeno / isključeno

αναμμένος / σβηστός

otvoreno / zatvoreno

ανοιχτός / κλειστός

tiho / glasno

χαμηλόφωνος /
μεγαλόφωνος

bogat / siromašan

πλούσιος / φτωχός

tačno / pogrešno

σωστός / λανθασμένος

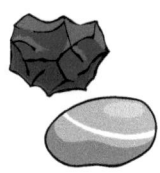

hrapav / glatak

τραχύς / λείος

tužan / srećan

λυπημένος / χαρούμενος

kratak / dug

κοντός / μακρύς

spor / brz

αργός / γρήγορος

mokro / suho

υγρός / στεγνός

toplo / hladno

ζεστός / δροσερός

rat / mir

πόλεμος / ειρήνη

0

nula

μηδέν

1

jedan

ένα

2

dva

δύο

3

tri

τρία

4

četiri

τέσσερα

5

pet

πέντε

6

šest

έξι

7

sedam

εφτά

8

osam

οκτώ

9

devet

εννιά

10

deset

δέκα

11

jedanaest

έντεκα

12

dvanaest

δώδεκα

13

trinaest

δεκατρία

14

četrnaest

δεκατέσσερα

15

petnaest

δεκαπέντε

16

šesnaest

δεκαέξι

17

sedamnaest

δεκαεφτά

18

osamnaest

δεκαοκτώ

19

devetnaest

δεκαεννέα

20

dvadeset

είκοσι

100

sto

εκατό

1.000

hiljada

χίλια

1.000.000

milion

εκατομμύριο

engleski

Αγγλικά

američki engleski

Αμερικάνικα Αγγλικά

kinesko mandarinski

Μανδαρίνικα Κινέζικα

hindi

Χίντι

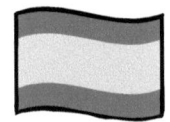

španski

Ισπανικά

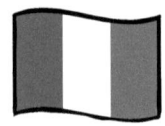

francuski

Γαλλικά

arapski

Αραβικά

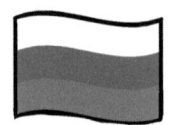

ruski

Ρώσικα

portugalski

Πορτογαλικά

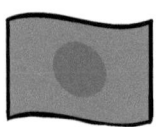

bengalski

Μπενγκάλι

njemački

Γερμανικά

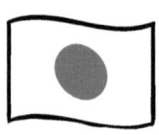

japanski

Ιαπωνικά

ja

εγώ

ti

εσύ

on / ona / ono

αυτός / αυτή / αυτό

mi

εμείς

vi

εσείς

oni

αυτοί / αυτές / αυτά

ko?

ποιος / ποια / ποιο;

šta?

τι;

kako?

πώς;

gdje?

πού;

kada?

πότε;

ime

όνομα

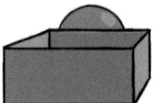

iza

πίσω

u

μέσα

pred

μπροστά

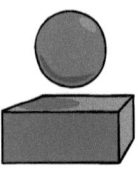

iznad

πάνω από

na

πάνω

ispod

κάτω

pored

δίπλα

između

ανάμεσα

mjesto

μέρος